原伍軒と『菁莪遺徳碑』

水戸の碑文シリーズ　4

久野勝弥著

水戸史学会

錦正社

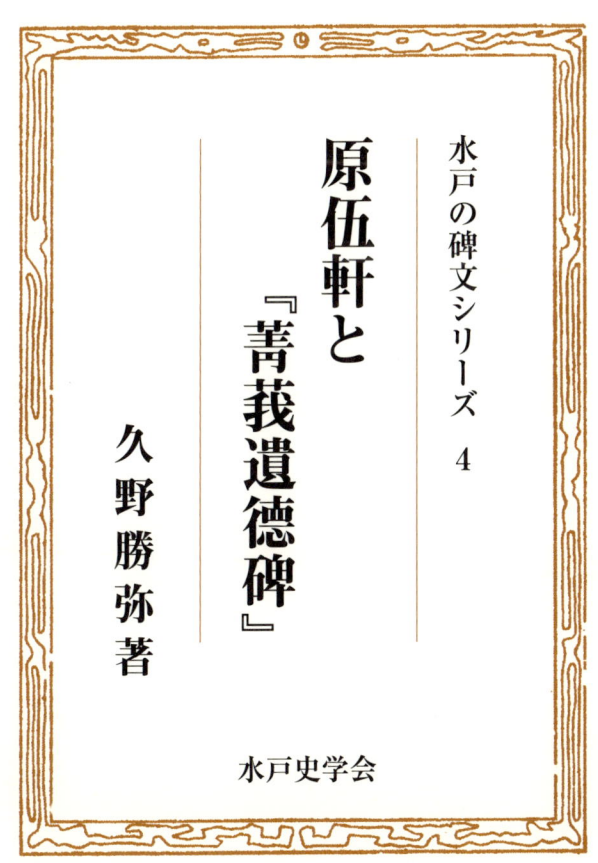

菁莪遺德碑

伍軒原先生碑

正三位德川昭武篆額

舊仙臺藩儒員岡千仞撰文

幕府末造余以多口爲海人之所排擯謫居一日開原君仲蔵干非余仰天而歎曰一橋公方承宗祧不可一日無仲寧仲寧今已時事竟不可爲也幕府奉還大政明年正月伏見之變遂大政公之志也仲寧而在則將順輔佐投機擧協力於勤王若猶以爲維新之大業決不伊龍躁名分使天下隳壞至如彼之甚也仲寧忠毅後改流名中川氏國安子爲其世精水戸父諱昌年外岡氏仲寧其子幼爲天下偉器昌平學諸生谷縣蒼厓師事東湖縣西松先生曰斯子必爲天下偉器昌平學諸生谷縣蒼厓師東湖縣田先生之幽明勝挹桶口一命先生曰斯子必爲天下偉器昌平學諸生谷縣蒼厓師事東湖縣田先生之幽明桶田先生曰斯子必爲天下偉器曲意延仲寧年二十五幼以爲天下偉器信無信仲寧年十五以困交子弟書信柱復…
（碑文、判読一部困難）

明治三十年丁酉八月建

誄西　吉田晩稼書

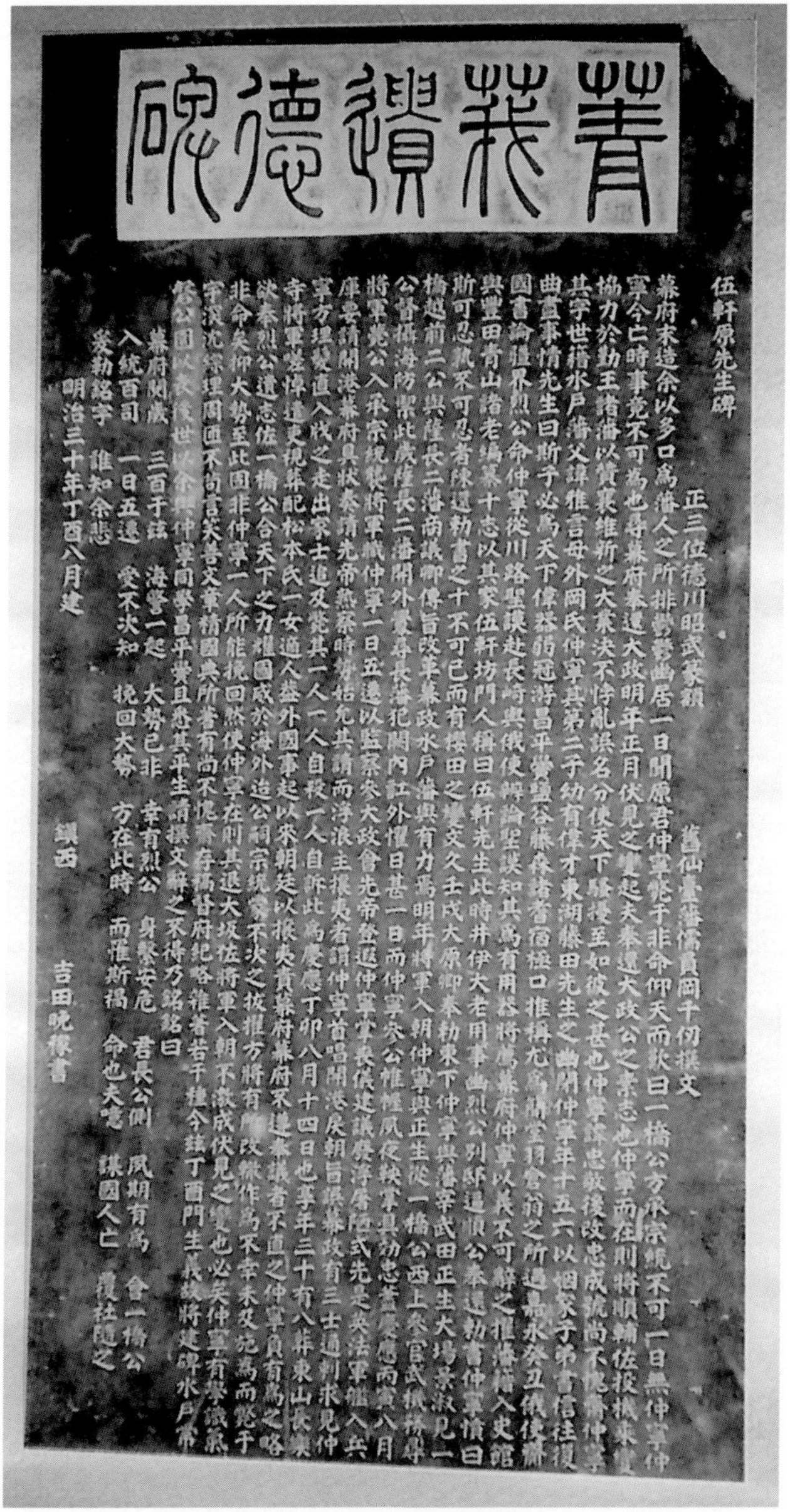

原伍軒像(『徳川慶喜公伝』より)

徳川慶喜像(『徳川慶喜公伝』より)

伍軒原先生碑(水戸偕楽園内)

はじめに

原伍軒とか菁莪塾とかいっても、その名を知る人はそう多くはないであろう。水戸偕楽園の好文亭入口に「伍軒原先生碑」が建てられていることを知る人は、水戸の幕末史に相当興味を持っていると思われる。ただ近年、工芸デパート社長の中山義雄氏が案内板を作成寄贈されたので、将軍慶喜のブレーンで若くして京都で斬殺されたことは知られるようになった。

井伊直弼の弁護の書ともいうべき『開国始末』を著して水戸を悪し様に記し、内藤耻叟や朝日奈知泉等から酷評を受けた島田三郎に、「自著総論」という一文がある。その中で島田は原伍軒の『督府紀略』を読み、尊攘論者であった伍軒が、

「後数年、将軍慶喜を京師に輔けて大政の衝に当るや、諸国の公使、条約の文に徴して兵庫の開港を促す。忠成、此時鎖港の非計を覚りて、開国の説を将軍に進む。然れども、其嘗て鼓励せし壮士は、依然鎖攘の説を持して社会に縦横し、忠

成も亦前言に憚りて其説を世に公言せず。是に於てか其行為其所説と齟齬するの跡あり。暴徒は忠成の窃に開国論に傾けるを聞きて之を疾みしが、此間又流言を為して忠成を中傷する者あり。遂に刺撃の殃に罹りて死す。予、督府紀略を読み、其前後の行為を回護するの迹あるを見て、深く其心事を悲まずばあらず。」

と感想を記している。

島田は、開国が歴史の必然であるとして、直弼の弁護のために原伍軒の悲劇を引合いに出しているのであるが、伍軒の『督府紀略』を読み、其の悲劇に涙していることは事実であろう。

ただ、伍軒は、将軍慶喜に従って兵庫開港を主張し、悲劇的に終っただけの人ではない。その生涯と業績を「原伍軒先生碑」の碑文によって解説し、その歴史的位置を考察することが、本書の目指すところである。

平成十七年二月一日

久野勝弥

水戸の碑文シリーズ4

原伍軒と『菁莪遺徳碑』＊目次

第一章　伍軒原先生碑（菁莪遺徳碑）の原文と訓み

〔原　文〕

正三位徳川昭武篆額
舊仙臺藩儒員岡千仞撰文
幕府末造。余以㆓多口㆒爲㆓藩

〔訓み下し〕

正三位《しょうさんみ》徳川昭武《とくがわあきたけ》篆額《てんがく》
旧仙台藩儒員《きゅうせんだいはんじゅいん》岡《おか》千仞《ちひろ》撰文《せんぶん》
幕府《ばくふ》ノ末造《まつぞう》、余《よ》多口《たこう》ヲ以《もつ》テ藩人《はんじん》ノ排《はい》スル

人之所レ排。鬱鬱幽居。一日聞三原君仲寧斃二于非命一。仰レ天而歎曰。一橋公方承二宗統一。不レ可三一日無二仲寧一。仲寧今亡。時事竟不レ可レ爲也。尋幕府奉レ還二大政一。明

所《ところ》ト為《な》リ、鬱鬱《うつうつ》トシテ幽居《ゆうきょ》ス。一日《いちじつ》、原《はら》君仲寧《くんちゅうねい》ノ非命《ひめい》ニ斃《たお》ルルヲ聞《き》ク。天《てん》ヲ仰《あお》ギ歎《なげ》キテ曰《いわ》ク。「一橋公《ひとつばしこう》ノ方《まさ》ニ宗統《そうとう》ヲ承《う》クルヤ、一日《いちじつ》トシテ仲寧《ちゅうねい》無《な》クンバアルベカラズ。仲寧今《ちゅうねいいま》ヤ亡《な》シ。時事《じじ》竟《つい》ニ為《な》スベカラザルナリ」ト。尋《つい》イデ幕府大政《ばくふたいせい》ヲ還《かえ》

年正月伏見之變起。夫奉レ
還二大政一。公之素志也。仲
寧而在。則將下順二輔佐一。投レ
機乘レ變。協二力於勤王諸藩一。
以贊中襄維新之大業上。決不丁
悖亂誤二名分一。使丙天下之騷

シ奉《たてまつ》ル。明《あく》ル年《とし》ノ正月《しょうがつ》、伏見《ふしみ》ノ変起《へんおこ》ル。
夫《そ》レ大政《たいせい》ヲ還《かえ》シ奉《たてまつ》ルハ、公《こう》ノ素志《そし》ナリ。
仲寧《ちゅうねい》ニシテ在《あ》ラシメバ、則《すなわ》チ将《まさ》ニ輔佐《ほさ》ニ
順《したが》ヒ、機《き》ニ投《とう》ジ変《へん》ニ乗《じょう》ジ、力《ちから》ヲ勤王《きんのう》ノ諸《しょ》
藩《はん》ニ協《あわ》セ、以《もっ》テ維新《いしん》ノ大業《たいぎょう》ヲ賛襄《さんじょう》セシメ、
決《けっ》シテ悖乱名分《はんらんめいぶん》ヲ誤《あやま》リ、天下《てんか》ノ騒擾《そうじょう》ヲシ

擾至乙如レ彼之甚甲也。仲寧
諱忠敬。後改二忠成一。號二尚
不愧齋一。仲寧其字。世籍二
水戸藩一。父諱雅言。母外
岡氏。仲寧其第二子。幼
有二偉才一。東湖藤田先生之

テ彼《か》ノ如《ごと》キノ甚《はなは》シキニ至《いた》ラシメザルナ
リ。仲寧《ちゅうねい》諱《いみな》ハ忠敬《ただよし》、後《のち》ニ忠成《ただなり》ト改《あらた》ム。尚《しょう》
不愧斎《ふきさい》ト号《ごう》ス。仲寧《ちゅうねい》ハ其《そ》ノ字《あざな》ナリ。世々《よよ》
水戸藩《みとはん》ニ籍《せき》ス。父《ちち》ノ諱《いみな》ハ雅言《まさこと》。母《はは》ハ外岡《とのおか》
氏《し》。仲寧《ちゅうねい》ハ其《そ》ノ第二子《だいにし》。幼《よう》シテ偉才《いさい》有《あ》リ。
東湖《とうこ》藤田《ふじた》先生《せんせい》ノ幽閉《ゆうへい》セラルルヤ、仲寧《ちゅうねい》年《とし》

幽閉。仲寧年十五六。以㆓
姻家子弟㆒。書信往復。曲㆓
盡事情㆒。先生曰。斯子必
爲㆓天下偉器㆒。弱冠游㆓昌
平黌㆒。鹽谷藤森諸耆宿極㆑
口推稱。尤爲㆓簡堂羽倉翁

十五六、姻家《いんか》ノ子弟《してい》タルヲ以《もっ》テ書信《しょしん》ヲ往《おお》復《ふく》シテ事情《じじょう》ヲ曲尽《きょくじん》ス。先生曰《せんせいいわ》ク、「斯《こ》ノ子《こ》必《かなら》ズヤ天下《てんか》ノ偉器《いき》ト為《な》ラン」ト。弱冠昌平黌《じゃっかんしょうへいこう》ニ游《あそ》ブ。塩谷《しおのや》・藤森《ふじもり》ノ諸耆《しょき》宿《しゅく》、口《くち》ヲ極《きわ》メテ推称《すいしょう》ス。尤《もっと》モ簡堂羽倉翁《かんどうはくらおう》ノ遇《ぐう》スル所《ところ》ト為《な》ル。

之所レ遇。嘉永癸丑。俄使齎二國書一。論二疆界一。烈公命二仲寧一從二川路聖謨一赴二長崎一。與二俄使一辨論。聖謨知三其爲二有用器一。將レ薦二幕府一。仲寧以二義不可一辭レ之。擢二

嘉永癸丑《かえいきちゅう》。(が)俄使《おし》、国書《こくしょ》ヲ齎《もたら》シ、疆界《きょうかい》ヲ論《ろん》ズ。烈公《れっこう》、仲寧《ちゅうねい》ニ命《めい》ジテ川路聖謨《かわじとしあきら》ニ従《したが》ヒ長崎《ながさき》ニ赴《おもむ》キ、俄使《おし》ト弁論《べんろん》セシム。聖謨《としあきら》、其《そ》ノ有用《ゆうよう》ノ器《うつわ》為《た》ルヲ知《し》リ、将《まさ》ニ幕府《ばくふ》ニ薦《すす》メントス。仲寧《ちゅうねい》義《ぎ》ノ不可《ふか》ナルヲ以《もっ》テ之《これ》ヲ辞《じ》ス。藩籍《はんせき》ニ擢《あ》ゲラレ、史館《しかん》ニ入《い》リ、豊田《とよだ》・青《あお》

藩籍一。入二史館一與二豐田青山
諸老一編二纂十志一。以二其家
伍軒坊一。門人稱曰二伍軒先
生一。此時井伊大老用レ事幽二
烈公別邸一。逼三順公奉二還勅
書一。仲寧憤曰。斯可レ忍孰

山《やま》ノ諸老《しょろう》ト十志《じゅうし》ヲ編纂《へんさん》ス。其《そ》ノ家《いえ》伍軒坊《ごけんぼう》
ニアルヲ以《もっ》テ、門人《もんじん》称《しょう》シテ伍軒先生《ごけんせんせい》ト曰《い》
フ。
此《こ》ノ時《とき》、井伊大老《いいたいろう》事《こと》ヲ用《もち》ヰテ烈公《れっこう》ヲ別邸《べってい》
ニ幽《ゆう》シ、順公《じゅんこう》ニ勅書《ちょくしょ》ヲ奉還《ほうかん》センコトヲ逼《せま》
ル。仲寧憤《ちゅうねいいきどお》リテ曰《いわ》ク、「斯《こ》レ忍《しの》ブベクシ

不レ可レ忍者。陳下還二勅書一之十不可上。已而有二櫻田之變一。文久壬戌大原卿奉レ勅東下。仲寧與二藩宰武田正生大場景淑一。見三一橋越前二公一。與二薩長二藩一商議。

テ孰《いづれ》カ忍《しの》ブベカラザル者《もの》アラン」ト。勅《ちょく》書《しょ》ヲ還《かえ》スノ十不可《じゅうふか》ヲ陳《の》ブ。已《すで》ニシテ桜田《さくらだ》ノ変《へん》有《あ》リ。文久壬戌《ぶんきゅうじんじつ》、大原卿勅《おおはらきょうちょく》ヲ奉《ほう》ジテ東下《とうげ》ス。仲寧《ちゅうねい》、藩宰武田《はんさいたけだ》正生《まさなり》・大場景《おおばけい》淑《しゅく》ト、一橋《ひとつばし》・越前《えちぜん》二公《にこう》ニ見《まみ》エ。薩長二藩《さっちょうにはん》ト商議《しょうぎ》ス。卿《きょう》、旨《しゅ》ヲ伝《つた》ヘ幕政《ばくせい》ヲ改革《かいかく》セシム。

卿傳レ旨改二革幕政一。水戸藩
與有レ力焉。明年將軍入レ朝。
仲寧與二正生一從二一橋公一西
上。參二官武機務一。尋公督二
攝海防禦一。此歲薩長二藩
開二外釁一。尋長藩犯レ闕。內

水戸藩《みとはん》與《あづか》ツテ力《ちから》有《あ》リ。
明《あく》ル年《とし》、将軍朝《しょうぐんちょう》ニ入《い》ル。仲寧《ちゅうねい》、正生《まさなり》ト一《ひとつ》
橋公《ばしこう》ニ従《したが》ヒ西上《せいじょう》シ、官武《かんむ》ノ機務《きむ》ニ参《さん》ズ。
尋《つい》デ公《こう》、摂海《せっかい》ノ防禦《ぼうぎょ》ヲ督《とく》ス。此《こ》ノ歳《とし》、
薩《さつ》・長《ちょう》ノ二藩《にはん》、外釁《がいきん》ヲ開《ひら》ク。尋《つい》デ長藩《ちょうはん》、
闕《けつ》ヲ犯《おか》ス。内訌外懼《ないこうがいく》、日《ひ》ニ甚《はなはだ》シ。

訌外懼日甚。一日而仲寧
參二公帷幄一。夙夜鞅掌具効二
忠藎一。慶應丙寅八月。將
軍薨。公入承二宗統一襲二將
軍職一。仲寧一日五遷。以二
監察一參二大政一。會先帝

一日ニシテ仲寧《ちゅうねい》、公《こう》ノ帷《い》幄《あく》ニ参《さん》ジ、夙《しゅく》夜《や》
鞅掌《おうしょう》、具《つぶさ》ニ忠藎《ちゅうじん》ヲ效《いた》ス。
慶應丙寅《けいおうへいいん》ノ八月《はちがつ》、将軍薨《しょうぐんこう》ズ。公《こう》、入《い》リテ
宗統《そうとう》ヲ承《う》ケ将軍職《しょうぐんしょく》ヲ襲《おそ》フ。
仲寧《ちゅうねい》、一日《いちじつ》ニ五《ご》タビ遷《うつ》リ、監察《かんさつ》ヲ以《もっ》テ大《たい》
政《せい》ニ参《さん》ズ。

登遐。仲寧掌二喪儀一。建議廢二浮屠陋式一。先レ是英法軍艦入二兵庫一。要二請開港一。幕府具レ状奏請。先帝熟二察時勢一。始允二其請一。而浮浪主二攘夷一者謂。

会《たまたま》先帝登遐《せんていとうか》シタマフ。仲寧喪儀《ちゅうねいそうぎ》ヲ掌《つかさど》リ、建議《けんぎ》シテ浮屠《ふと》ノ陋式《ろうしき》ヲ廃《はい》ス。是《これ》ヨリ先《さき》、英《えい》・法《ほう》ノ軍艦兵庫《ぐんかんひょうご》ニ入《はい》リ、開港《かいこう》ヲ要《よう》請《せい》ス。幕府状《ばくふじょう》ヲ具《ぐ》シテ奏請《そうせい》ス。先帝《せんてい》、時《じ》勢《せい》ヲ熟察《じゅくさつ》シタマヒ、始《はじ》メテ其《そ》ノ請《せい》ヲ允《ゆる》シタマフ。而《しか》ルニ浮浪攘夷《ふろうじょうい》ヲ主《しゅ》トスル者《もの》ノ

仲寧首㆓唱開港㆒戻㆓朝旨㆒
誤㆓幕政㆒。有㆘三士通㆑刺求㆑
見。仲寧方理㆑髮。直入戕㆑
之走出。家士追及。斃㆓其
一人㆒。一人自殺。一人自訴。
此爲㆓慶應丁卯八月十四日㆒

謂《い》フ、「仲寧《ちゅうねい》、開港《かいこう》ヲ首唱《しゅしょう》シ朝旨《ちょうしゅ》ニ戻《もと》リ幕《ばく》政《せい》ヲ誤《あやま》ル」ト。三士《さんし》ノ刺《し》ヲ通《つう》ジテ見《まみ》ヘンコトヲ求《もと》ムル有《あ》リ。仲寧《ちゅうねい》、方《まさ》ニ髪《かみ》ヲ理《ととの》フ。直《ただち》ニ入《い》リテ之《これ》ヲ戕《しょう》シテ走出《そうしゅつ》ス。家士《かし》追及《ついきゅう》シ、其《そ》ノ一人《いちにん》ヲ斃《たお》ス。一人《いちにん》ハ自殺《じさつ》シ、一《いち》人《にん》ハ自訴《じそ》ス。此《こ》レヲ慶應丁卯八月十四日《けいおうていぼうはちがつじゅうよっか》也。享年三十有八。葬二東山長樂寺一。將軍嗟悼遣レ吏視レ葬。配松本氏。一女適レ人。蓋外國事起以來。朝廷以二攘夷一責二幕府一。幕府不レ遵。奉レ議者不レ直レ之。仲寧

ト為《な》スナリ。享年《きょうねん》三十有《ゆう》八。東山長樂寺《ひがしやまちょうらくじ》ニ葬《ほうむ》ル。将軍《しょうぐん》嗟悼《さとう》シテ吏《り》ヲ遣《つかわ》シ葬《そう》ヲ視《み》ル。配《はい》ハ松本氏《まつもとし》。一女《いちじょ》アリ人《ひと》ニ適《ゆ》ク。蓋《けだ》シ外国《がいこく》ノ事起《ことおこ》リテ以来《いらい》、朝廷攘夷《ちょうていじょうい》ヲ以《もっ》テ幕府《ばくふ》ヲ責《せ》ム。幕府《ばくふ》遵《したが》ハズ、議《ぎ》ヲ奉《ほう》ズル者《もの》、之《これ》ヲ直《ただ》サズ。仲寧《ちゅうねい》、有為《ゆうい》ノ略《りゃく》ヲ負《お》ヒ、

負㆓有爲之略㆒。欲㆘奉㆓烈公遺志㆒。佐㆓一橋公㆒。合㆓天下之力㆒。耀㆗國威於海外㆖。迨㆔公嗣㆓宗統㆒。蒙㆓不次之拔擢㆒。方將㆑有㆑所㆓改轍作爲㆒。不幸未㆑及㆓施爲㆒。而斃㆓于非命㆒

烈公《れっこう》ノ遺志《いし》ヲ奉《ほう》ジ、一橋公《ひとつばしこう》ヲ佐《たす》ケ、天下《てんか》ノ力《ちから》ヲ合《あわ》セ、國威《こくい》ヲ海外《かいがい》ニ耀《かがや》カサント欲《ほっ》ス。公《こう》ノ宗統《そうとう》ヲ嗣《つ》グニ迨《およ》ビ、不次《ふじ》ノ拔擢《ばってき》ヲ蒙《こうむ》リ、方《まさ》ニ将《まさ》ニ改轍作為《かいてつさくい》スル所《ところ》有《あ》ラントス。不幸《ふこう》、未《いま》ダ施為《せい》ニ及《およ》バズシテ非命《ひめい》ニ斃《たお》ル。抑《そもそも》大勢《たいせい》ノ此《ここ》ニ至《いた》ル、固《もと》ヨリ仲寧一人《ちゅうねいいちにん》ノ

矣。抑大勢至レ此固非三仲寧一人所二能挽回一。然使二仲寧在一。則其退二大坂一佐二將軍一入レ朝。不レ激二成伏見之變一也必矣。仲寧有二學識一。氣宇深沈。綜二理周匝一。不レ苟二

能《よ》ク挽回《ばんかい》スル所《ところ》ニ非《あら》ズ。然《しか》レドモ仲寧《ちゅうねい》ヲシテ在《あ》ラシメバ、則《すなわ》チ其《そ》ノ大坂《おおさか》ヲ退《しりぞ》クモ将軍《しょうぐん》ヲ佐《たす》ケテ朝《ちょう》ニ入《い》リ、伏見《ふしみ》ノ変《へん》ヲ激成《げきせい》セザルヤ必《ひっ》セリ。仲寧《ちゅうねい》学識《がくしき》有《あ》リ。氣宇深沈《きうしんちん》。周匝《しゅうそう》ヲ綜理《そうり》ス。言笑《げんしょう》ヲ苟《いやし》クモセズ。文章《ぶんしょう》ヲ善《よ》クシ、国典《こくてん》

言笑㆒。善㆓文章㆒。精㆓國典㆒。所㆑著有㆓尚不愧齋存稿。督府紀略。雑著若干種㆒。今茲丁酉。門生義故。將㆘建㆓碑水戸常磐公園㆒。以表㆗後世㆖。以㆘余與㆓仲寧㆒同學㆓昌平黌㆒。

ニ精《くわ》シ。著《あら》ハス所《ところ》、尚不愧斎存稿《しょうふきさいぞんこう》・督府《とふ》紀略《きりゃく》・雑著若干種《ざっちょじゃっかんしゅ》有《あ》リ。今茲丁酉《ことしていゆう》、門生義故《もんせいぎこ》、将《まさ》ニ碑《ひ》ヲ水戸常磐《みとときわ》公園《こうえん》ニ建《た》テ、以《もっ》テ後世《こうせい》ニ表《ひょう》セントシ、余《よ》ト仲寧《ちゅうねい》ト同《おな》ジク昌平黌《しょうへいこう》ニ学《まな》ビ、且《か》ツ其《そ》ノ平生《へいぜい》ヲ悉《ことごと》スルヲ以《もっ》テ撰文《せんぶん》ヲ請《こ》フ。之《これ》ヲ辞《じ》

且悉中其平生上請二撰文一。辭レ

之不レ得。乃銘。銘曰。

幕府閲レ歳　三二百于茲一

海警一起　大勢已非

幸有二烈公一　身繫二安危一

君長二公側一　夙期レ有レ爲

スルコトヲ得《え》ズ。

乃《すなわ》チ銘《めい》ス。銘《めい》ニ曰《いわ》ク。

幕府《ばくふ》歳《とし》ヲ閲《けみ》ス　茲《ここ》ニ三百《さんびゃく》

海警《かいけい》一《ひと》タビ起《おこ》リ　大勢《たいせい》已《すで》ニ非《ひ》ナリ

幸《さいわい》ニ烈公《れっこう》有《あ》リ　身《み》ニ安危《あんき》ヲ繫《つな》グ

君公《くんこう》ノ側《かたわら》ニ長《ちょう》ズ　夙《つと》ニ為《な》ス有《あ》ランコトヲ期《き》ス

會㆓一橋公㆒　入統㆓百司㆒
一日五遷　受不㆓次知㆒
挽㆓回大勢㆒　方在㆓此時㆒
而罹㆓斯禍㆒　命也夫噫
謀國人亡　覆社隨㆑之
爰勒㆓銘字㆒　誰知㆓余悲㆒

一橋公《ひとつばしこう》ニ會《あ》ヒ　入《い》リテ百司《ひゃくし》ヲ統《す》ブ
一日《いちじつ》ニ五遷《ごせん》セラレ　受《う》クルニ次《つぎ》ヲ知《し》ラズ
大勢《たいせい》ヲ挽回《ばんかい》スルハ　方《まさ》ニ此《こ》ノ時《とき》ニ在《あ》リ
而《しか》ルニ斯《こ》ノ禍《わざわい》ニ罹《かか》ル　命《めい》ナル夫《かな》、噫《ああ》
謀國《ぼうこく》ノ人亡《ひとほう》ビテ　覆社之《ふくしゃこれ》ニ隨《したが》フ
爰《ここ》ニ銘字《めいじ》ヲ勒《ろく》ス　誰《たれ》カ余《よ》ノ悲《かなしみ》ヲ知《し》ラン

明治三十年丁酉八月建
鎭西　吉田晩稼書

明治《めいじ》三十年丁酉《ねんていゆう》八月建《がった》ツ
鎭西《ちんぜい》　吉田晩稼書《よしだばんかしょ》ス

第二章　碑文の筆者と篆額の筆者

ここに紹介する「原伍軒先生碑」（「菁莪遺徳碑」）は、藤田東湖の亡き後の水戸藩を代表する人物である原伍軒（仲寧・忠成）の顕彰碑である。明治三十年に、その門人たちによって水戸偕楽園公園の一画に建立された。「菁莪《せいが》」は人材の育成を目指して伍軒が主催した塾の名称である。今は、好文亭の梅園側入り口に向い合うようにして建っている。

最初に碑文を記した岡千仞《せんじゅん》（ちたて）に就いて、その略歴を記しておく。千仞は天保四年（一八三三）十一月二日、仙台に生まれた。家は代々仙台藩の番士であった。諱は仞、修、千仞、字は振衣、天爵、通称は啓輔《けいすけ》、鹿門《ろくもん》と号した。若くして藩校養賢堂に学び、二十歳の時、江戸に出て昌平黌に入学した。佐藤一斎《さとういっさい》・安積艮斎《あさかごんさい》に師事し、舎長を勤めた。同窓に原仲寧（市之進）・重野成斎《しげのせいさい》・松本奎堂《まつもとけいどう》・松林飯山《まつばやしはんざん》等がいた。

後に大坂において、飯山、奎堂と共に雙松岡塾を開き、子弟の教育に従事した。諸公卿、薩長の藩士、清河八郎《きよかわはちろう》、本間精一郎《ほんませいいちろう》等と交わり、尊攘論を唱えたが、藩命により呼び戻され、養賢堂の教授となった。

明治二年、新政府軍と旧幕府を支持する奥羽諸藩とが戦った戊辰の役においては、奥羽列藩同盟に反対して奔走したが、捕えられて仙台の獄に投ぜられた。後、許されて、公子侍読となり麟経塾を経営した。

明治三年東京に移り、大学助教となり、東京府学教授となった。後には修史館協修、東京図書館長となる。私塾綏猷堂の門弟は三千余人に及んだという。

明治十七年、中国に渡り、李鴻章に『支那改革論』を提示し、その卓見を賞された。大正三年二月十八日歿。年八十二歳であった。

主な著書としては、『尊攘紀事』『同補遺』『米利堅志』『仏蘭西志』『琉球始末』『渉史偶筆』『観光紀游』『蛍雪事業』『北游詩草』『仙台志料』などがある。

次に、篆額「菁莪遺徳碑」の揮毫は、水戸藩十一代藩主徳川昭武である。昭武《あきたけ》の略歴を記すと次のようになる。

嘉永六年（一八五三）九月二十四日、斉昭の十八男として、江戸駒込の水戸藩中屋敷に誕生した。幼名は余八麻呂、字は子明、号は鑾山《らんざん》。初めの名は明徳《あきのり》、後に昭武と改めた。生母は万里小路睦子《までのこうじちかこ》である。生後六ケ月で水戸に移り、兄弟と共に国許で教育を受けた。

文久二年（一八六二）、勅使大原重徳の江戸下向により、幕政の改革が行われると、兄である一橋慶喜は将軍後見職、越前前藩主松平慶永は政治総裁職となり、政治の中心は京都に移っていった。

翌文久三年、昭武の兄昭訓《あきくに》も水戸藩士と共に上洛し、禁裏守衛の任務に従った。この折水戸藩士は日蓮宗の本圀寺《ほんごくじ》に駐屯したので、この一隊は本圀寺勢と呼ばれた。元治元年（一八六四）五月、兄昭訓が歿すると昭武が禁裏守衛として本圀寺勢を統轄した。同年に起った禁門（蛤御門）の変には、兄慶喜と共に、御所を守衛して長州の藩兵と戦った。

武田耕雲斎《たけだこううんさい》、藤田小四郎《ふじたこしろう》らの、いわゆる天狗党が京都に近づいてくると、水戸藩のことは水戸関係者で処置したいとの考えから、先鋒として慶喜に従い出兵している。

慶応二年（一八六六）、慶喜が徳川十五代将軍に就任すると、フランス公使レオン・

ロッシュは、パリ万国博覧会へのナポレオン三世の招待状を提出した。

慶喜は、弟の昭武を名代として派遣することにした。この決定は開明派幕臣からは英断として驚嘆され、本圀寺勢からは主君を失うことになるとして反対された。

慶応三年正月、昭武の一行はフランス郵船アルフェー号でフランスに向った。一行の中には、後に実業界で活躍する渋沢栄一もいた。時に昭武は十五歳であった。

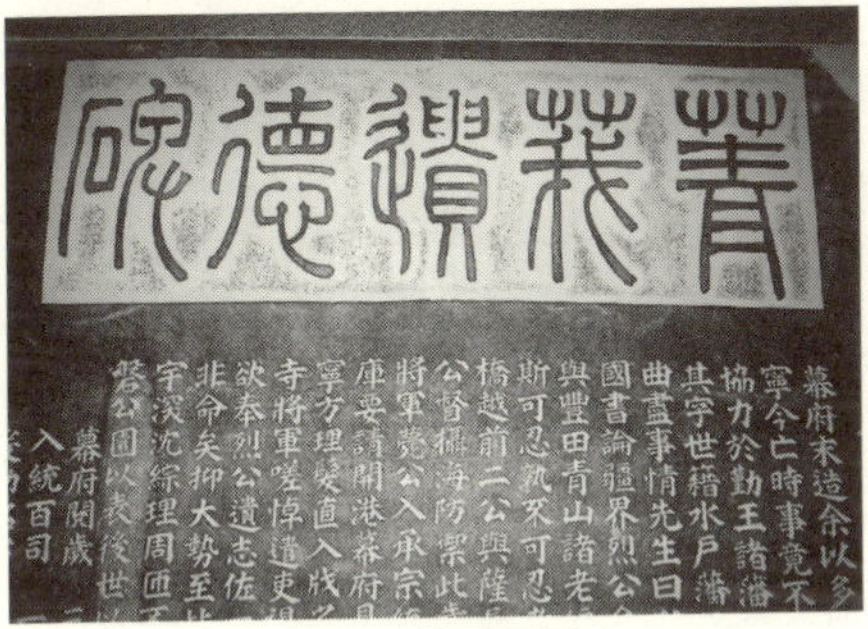
菁莪遺徳碑篆額

昭武が、衣冠の正装でナポレオン三世に謁見したのは、その年の三月二十四日のことである。博覧会では、薩摩藩が琉球王国の使節と称して幕府と対立する一幕もあったが、幕府の展示は瑞穂屋卯三郎らが工夫し、日本茶屋等を設けて好評であった。
昭武一行はその後滞在費用の調達に苦慮するが、スイス、オランダ、ベルギー、イタリア、英領マルタ島、イギリスなどの諸国を訪問して、国際親善のために力を尽した。

フランスに戻ってからは、修学に勉めていたが、日本では慶喜が大政を奉還して幕府は瓦解していた。それでも慶喜は昭武に修学を続けるよう督励している。

一方水戸藩では、十代藩主慶篤《よしあつ》が病歿し、その子鉄千代は幼少で、混乱している藩政の担当は難しいと考え、奥右筆頭取長谷川作十郎《さくじゅうろう》らが、昭武の帰国を要請する。

アンペラトリース号に搭乗して横浜に到着したのは、明治元年十一月三日のことである。小石川邸に入ると、早速水戸藩主襲封の手続きがあり、鉄千代を養子として、十一代藩主となった。

明治二年、父斉昭の意思を継ぎ、北海道天塩地区の開拓に力を尽すが、明治四年の廃藩置県により、北海道開拓事業は終りを告げた。

明治七年、陸軍少尉に任官、兵学寮付から陸軍戸山学校生徒隊付となる。翌年突然の発熱で休養中に、明治天皇の小梅邸行幸の通知があった。

四月四日の行幸当日は好天に恵まれ、隅田川堤の桜花は爛漫として咲き誇り、天皇は、水戸家歴代の遺品をご覧になり、投網を楽しまれた。この時の様子は木村武山の画いたものが明治聖徳記念館に掲げられている。
後に届けられた御製は、

花くはし桜もあれど此やどの
世々のこころを我はとひけり

とあった。

明治九年、アメリカフィラデルフィア博覧会御用掛として渡米、後にフランスに渡って第二次の留学をする。明治十四年帰国し、従三位麝香間《じゃこうのま》祗候《しこう》を命ぜられる。明治十五年には県北の大能牧場の経営に入り、天竜院に別荘を設け、植林、牧畜などに当った。翌十六年には養子鉄千代（篤敬）に家督を譲り隠居した。時に三十二歳であった。翌年、松戸（千葉県）の戸《と》定《じょう》に隠居所を設けた。戸定では、兄慶喜達との交流を楽しみながら過した。明治四十三年七月三日病歿、五十八歳であった。節公と諡され、瑞龍山（常陸太田市）水戸徳川家歴代の墓地に葬られた。

第三章　碑文の意訳と解説

◎**幕府《ばくふ》ノ末造《まつぞう》、余多口《よたこう》ヲ以《もつ》テ藩人《はんじん》ノ排《はい》スル所《ところ》ト為《な》リ、鬱鬱《うつうつ》トシテ幽居《ゆうきょ》ス。**

【意訳】

江戸幕府の末の頃、即ち幕末に、私は口数が多かった理由で、仙台藩士から排斥されることになり、こころがはればれとしない日々を仙台の自宅で、外にも出ないで生活していた。

【語釈】

幕府《ばくふ》＝江戸幕府、あるいは徳川幕府ともいう。
末造《まつぞう》＝末世、末期（まっき）。
余《よ》＝自分、私、ここでは岡先仞。
藩人《はんじん》＝仙台藩士。
鬱鬱《うつうつ》＝思いがこもって、心がはればれとしない形容。

【解説】

岡先仞の回顧録『在臆話説《ざいおくわき》』の自序に、「壮年、京摂ノ間ニ游ビテ四方ノ浮浪有志ト国事ヲ議シテ奔走日夜、其ノ帰ルヤ藩学ノ容《い》ルル所ト為ラズ、且ツ輒《すなわ》チ時事ヲ論ジテ事ヲ用フル者ノ忌ム所ト為リ」（原漢文）とあり、具体的には「永井雅楽ノ開国建白論ハ、長藩ヨリ求メタルカ、安藤（信正）ヨリ求タルカ、天下ヲ欺罔、此極ニ至ル。此ニ於テ功名心ノ鬱勃《うつぼつ》不レ可二遏抑一モノガ、一変シテ満腹ノ義憤ト為リ、遂ニ浮浪義徒ト往来、藩宰ニ向フテ、門閥上京、天機伺候ノ建白ト為ル」（『在臆話記』第四集巻五）と見え、『在臆話記』の随所に仙台藩士大槻如電、同文彦、玉虫左太夫らとの確執、藩侯上洛の建白、その実現などが詳述されている。

◎一日《いちじつ》、原君仲寧《はらくんちゅうねい》ノ非命《ひめい》ニ斃《たお》ルルヲ聞《き》ク。

【意訳】

ある日、原仲寧君が災難に遭って命を落としたということを聞きました。

【語釈】

一日《いちじつ》＝ある日。
非命《ひめい》＝天命にはずれた形で命を失うこと。災難に遭って死ぬこと。

【解説】

慶応二年（一八六六）八月十四日、京都の宿舎において、朝、理髪の最中に、幕臣鈴木恒太郎、鈴木豊次郎、依田雄太郎の三人に殺害された。詳しくは後段に見える。

◎天《てん》ヲ仰《あお》ギ歎《なげ》キテ曰《いわ》ク。「一橋公《ひとつばしこう》ノ方《まさ》ニ宗統《そうとう》ヲ承《う》クルヤ、一日《いちじつ》トシテ仲寧《ちゅうねい》無《な》クンバアルベカラズ。仲寧今《ちゅうねいいま》ヤ亡《な》シ。時事竟《じじつい》ニ為《な》スベカラザルナリ」ト。

【意訳】

天を見上げて感にたえずして言うことには、「一橋慶喜公の、今将軍職を引き継ぐに、一日も仲寧がいなければならないことである。その仲寧は今やいないのである。社会情勢は最後には手を加えることができなくなってしまった」と。

【語釈】

歎《なげ》キテ＝感にたえずして。「歎イテ」と読んでもよい。

一橋公《ひとつばしこう》＝一橋慶喜。徳川斉昭の第七子。天保八年（一八三七）九月二十九日、江戸小石川の水戸邸で誕生。弘化四年（一八四七）、一橋家相続、慶応二年（一八六六）八月二十日、徳川宗家相続、同年十二月五日、十五代将軍となり、翌年九月二十一日、内大臣となる。

宗統《そうとう》＝宗家の統治。ここでは徳川宗家の相続と十五代将軍職就任をいう。

竟《つい》ニ＝結局。最後には。「終に」「遂に」と同じ。

◎尋《つ》イデ幕府大政《ばくふたいせい》ヲ還《かえ》シ奉《たてまつ》ル。明《あく》ル年《とし》ノ正月《しょうがつ》、伏見《ふしみ》ノ変起《へんおこ》ル。夫《そ》レ大政《たいせい》ヲ還《かえ》シ奉《たてまつ》ルハ、公《こう》ノ素志《そし》ナリ。

【意訳】

引続いて幕府は政治の大権を朝廷に返還し奉った。その翌年の正月に伏見の戦が起った。そもそも政治の大権を朝廷に返還し奉ることは、慶喜公の日ごろのご意思であった。

【語釈】

大政《たいせい》ヲ還《かえ》シ奉《たてまつ》ル＝慶喜は慶応三年十月十四日、高家大沢基寿に命じ、大政奉還上表を朝廷に提出し、十五日許可された。これによって幕府政治は終りを迎えた。「幕府大政ヲ奉還シ」「幕府大政奉還シ」と読んでも良い。

明《あく》ル年《とし》ノ正月《しょうがつ》＝朝廷では、同年十二月九日、王政復古の大号令を出し、慶喜に辞官（内大臣の辞任）、納地（直轄地の返納）を命じ、翌慶応四年正月三日、大坂城の旧幕兵、北上して鳥羽・伏見に至り、薩長の兵と戦闘におよび敗走した。

公《こう》ノ素志《そし》＝大政奉還のことは、土佐の山内容堂の意見によったとか、後藤象二郎、小松帯刀らの意見に従ったとか、岡山の牧野権六郎、宇和島の都筑荘蔵の進言に従ったとか言われているが、将軍職就任以来、日ごろのご意志であったことは『徳川慶喜伝』などで知られた事実である。

◎仲寧《ちゅうねい》ニシテ在《あ》ラシメバ、則《すなわ》チ将《まさ》ニ輔佐《ほさ》ニ順《したが》ヒ、機《き》ニ投《とう》ジ変《へん》ニ乗《じょう》ジ、力《ちから》ヲ勤王《きんのう》ノ諸《しょ》藩《はん》ニ協《あわ》セ、以《もっ》テ維新《いしん》ノ大業《たいぎょう》ヲ賛襄《さんじょう》セシメ、決《けっ》シテ、悖乱名分《はいらんめいぶん》ヲ誤《あやま》リ、天下《てんか》ノ騒擾《そうじょう》ヲシテ彼《か》ノ如《ごと》キノ甚《はなはだ》シキニ至《いた》ラシメザルナリ。

【意訳】

大政奉還の時に、仲寧が生きていれば、将軍の仕事を助ける任務を誤りなくはたして、時勢の動きを良く観察してその実行のタイミングを計り、勤王諸藩と力を協せつつ、維新の大事業を助け完成させたに違いなく、決して道理にそむいた騒乱を起して守らなければならない本分を誤ったり、戊辰戦争のように激しい争乱を起させたりはしなかったと考える。

【語釈】

維新《いしん》ノ大業《たいぎょう》＝明治維新の大事業。
贊襄《さんじょう》＝君の徳を助けて、その政治をりっぱになしとげさせる。
悖乱《はんらん》＝道理にそむいた争乱。
天下《てんか》ノ騒擾《そうじょう》＝鳥羽・伏見の戦にはじまる、上野彰義隊の戦、奥羽列藩同盟との戦、五稜郭の戦など、即ち戊辰戦争を指す。

◎**仲寧諱《ちゅうねいいみな》ハ忠敬《ただよし》。後《のち》ニ忠成《ただなり》ト改《あらた》ム。尚不愧斎《しょうふきさい》ト号《ごう》ス。仲寧《ちゅうねい》ハ其《そ》ノ字《あざな》ナリ。世々水戸《よよみと》**

藩《はん》ニ籍《せき》ス。父《ちち》ノ諱《いみな》ハ雅言《まさこと》。母《はは》ハ外岡氏《とのおかし》。仲寧《ちゅうねい》ハ其《そ》ノ第二子《だいにし》。幼《よう》シテ偉才有《いさいあ》リ。

【意訳】

仲寧の本名は忠敬といい、後に忠成と改名した。尚不愧斎と号した。仲寧は忠敬の日常の呼び名である。代々水戸藩の家臣である。父の本名は雅言といい、母は外岡氏の娘である。仲寧はその二番目の男子である。幼い頃から他人より優れた才能があった。

【語釈】

諱《いみな》＝本名。死後は生前の本名を呼ぶことを避けたので、忌み名という。

号《ごう》＝幼名・本名（諱）・通称・字・諡《おくりな》以外の呼び名。雅号《がごう》。号は他に伍軒《ごけん》、菁莪《せいが》などがある。

字《あざな》＝男子が元服した後に付ける名。日常は字で呼称した。人の呼び方には、他に幼名（子供の時の呼び名）、諡（死後に贈られた名）などがある。仲寧の幼名は小熊、通称は任蔵あるいは市之進である。諡は無い。

第二子《だいにし》＝十左衛門雅言の二男として、文政十三年（一八三〇）正月六日に誕生。

兄の名は忠愛。

◎**東湖《とうこ》藤田《ふじた》先生《せんせい》ノ幽閉《ゆうへい》セラルルヤ、仲寧《ちゅうねい》年《とし》十五六、姻家《いんか》ノ子弟《してい》タルヲ以《もつ》テ書信《しょしん》ヲ往復《おおふく》シテ事情《じじょう》ヲ曲尽《きょくじん》ス。先生《せんせい》曰《いわ》ク、「斯《こ》ノ子《こ》必《かなら》ズヤ天下《てんか》ノ偉器《いき》ト為《な》ラン」ト。**

【意訳】

弘化元年（一八四四）に、藩主斉昭が幕府から罪せられ、致仕謹慎を命ぜられると、藤田東湖先生も共に閉居の処分を受けた。仲寧はその時十五・六歳であったが、親類の子であることによって、手紙などでのやりとりが出来たが、その手紙は、子供とは思えないほど、様子の細かい所まで言い尽くしていた。東湖先生は、この様子を見て言われた。「この子供は必ず国家有為の人物になるであろう」と。

【語釈】

東湖《とうこ》藤田《ふじた》先生《せんせい》＝藤田東湖のこと。東湖は文化三年（一八〇六）三月十六日、藤田幽谷《ゆうこく》の二男として誕生。諱は彪《たけき》、字は斌卿《ひんけい》、通称虎之助《とらのすけ》、後に誠之進《せいのしん》。号は東湖。文政十年家督を継ぎ二百石、進物番、彰考館編集、同総裁代役。同十二年、藩主継嗣の問題が起ると、藩主齊脩の弟紀教（改名して斉昭・諡は烈公）擁立のため同志と奔走する。天保元年（一八三〇）郡奉行となり、藩政全体の改革を唱える。江戸通事御用役を経て、十一年に側用人となった。この間土地改正掛、弘道館造営掛を勤め、十二年には勝手改正掛となった。弘化元年、斉昭が幕府から致仕謹慎を命ぜられると、東湖も免職・閉居、さらに家禄を没収された。本文の幽閉はこの場面を指している。嘉永三年（一八五〇）の末に許されて水戸に移り、同五年春、慎みを解かれた。「正気歌」「回天詩史」などは幽閉中の執筆である。嘉永六年、ペリーの来航により、斉昭が海防の幕政参与となるに及び、東湖も海防掛として江戸詰となった。安政元年（一八五四）側用人となり、学校奉行を兼務、禄高六百石となった。翌安政二年十月二日、小石川の官舎において、地震（いわゆる安政の地震）により圧死する。年五十歳であった。

姻家《いんか》ノ子弟《してい》＝仲寧の父雅言と東湖の母が兄弟であり、従兄弟の関係であった。

書信《しょしん》ヲ往復《おおふく》シテ＝『東湖全集』に「原仲寧に与ふるの書」二通を載せている。一通は仲寧の伍員《ごいん》・申包胥《しんぽうじょ》優劣論に対する感想で日付は九月二十六日、一通は楠公を祭るの文に対する感想で日付は十月望（十五日）である。ともに弘化元年のものであろう。また、『東湖先生の反面』には「原任蔵に与へし書」がある。羽倉簡堂に師事したことを慶び、さらに仲寧の「高山彦九郎の碑文」につき感想を述べている。日付は四月十一日。編集者は天保十一年と推定している。

天下《てんか》ノ偉器《いき》＝国家有用の人材。「故幕府監察原君碑銘」では、「斯ノ子必ズ光ヲ国史ニ増ヘ、義公ノ業ヲ成ス」と『大日本史』完成に期待している内容となっている。綿引東海の「忠成行状」には、「嘗テ実学ノ講ゼザルヲ歎ク。今仲寧ノ文ヲ見ルニ大ニ懐ヲ慰ム。近クハ則チ老公ノ志ヲ発揚シ、遠クハ則チ梅里公ノ遺業ヲ継述スル者ハ、此ノ子ニ非ズシテ誰ゾ」と、やはり水戸藩の将来を託する人材としての意味で記されている。

◎弱冠昌平黌《じゃっかんしょうへいこう》ニ游《あそ》ブ。塩谷《しおのや》・藤森《ふじもり》ノ諸耆宿《しょきしゅく》、口《くち》ヲ極《きわ》メテ推称《すいしょう》ス。尤《もっと》モ簡堂羽倉翁《かんどうはくらおう》ノ遇《ぐう》スル所《ところ》ト為《な》ル。

【意訳】

二十歳の頃、江戸の昌平坂学問所に遊学した。塩谷宕陰、藤森弘庵などの諸先生方は言葉を尽してほめたたえた。とりわけ羽倉簡堂翁にはとくに目を掛けられることとなった。

【語釈】

弱冠《じゃっかん》＝男子の二十歳をいう。但し、仲寧は文政十三年（一八三〇）の生れであり、昌平黌に入学を許されたのは嘉永六年（一八五三）であるから、正確には数え年で二十四歳である。

昌平黌《しょうへいこう》＝江戸幕府の教育機関。敷地の一角が昌平坂に面していたので、昌平坂学問所、あるいは昌平黌と称された。林羅山《らさん》が、忍岡《しのぶおか》の別屋敷に書庫・学寮を設けたのが始りで、寛永七年（一六三〇）幕府から資金の援助を受けた。同九年先聖殿《せんせいでん》が完成した。羅山の子鵞峯《がほう》が将軍綱吉から弘文院《こうぶんいん》の号を与えられ、弘文館と称したこともあった。元禄四年（一六九一）将軍綱吉の命で、湯島に聖堂を移し大成殿と称した。以後、湯島の聖堂あるいは昌平黌と呼ばれた。寛政二年（一七九〇）、老中松平定信は寛政異学の禁令を出し、林家の朱子学を奨励した。寛政九年（一七九七）、林家の家塾から切りはなして幕府直轄の「学問所」とし、学制を改めて庶人の入学を止め、幕臣・藩士・処士およびその子弟に限った。仲寧は嘉永六年、昌平黌に入学したが、その時の学生には、岡千仞、重野安繹、秋月葦軒、松本奎堂らがいた。ここでの生活の状況は岡千仞の『在臆話記』に詳しい。

学問所は、明治維新の後、昌平学校と称されたが、漢学者と国学者の対立が原因で閉鎖された。

塩谷宕陰《しおのやとういん》＝文化六年（一八〇九）、林桃蹊《とうけい》の子として江戸に生れる。諱は世弘、字は毅侯、通称甲蔵。九里香園、宕陰と号した。十六歳で昌平黌に入学し、松崎慊堂に学び、安井息軒と共に高弟として知られる。師の推挙で浜松藩主水野忠邦に仕え、家譜の編纂などに当った。アヘン戦争やペリー来航に関しては、海防論や軍艦建造のことなどの自論を展開した。後に幕府の儒官となり、幕府の歴史を編纂していたが、完成しないまま慶応三年（一八六七）八月八日歿した。歳五十九。文章にすぐれ、著書は多い。

藤森弘庵《ふじもりこうあん》＝寛政十一年（一七九九）、播磨（兵庫県）小野藩士藤森義正の子として生れる。諱は大雅、字は淳風、通称は恭助。天山、弘庵と号す。はじめ父の跡を受けて小野藩の書記役・公子教育掛となったが、天保五年（一八三四）、土浦藩に招かれ、教育・農政のことを担当した。その後江戸に出て、教育論、海防論をまとめ徳川斉昭に建白し、世に知られるようになった。安政の大獄で江戸追放の処分を受けたが、後に許されて江戸に戻る。文久二年（一八六二）十月八日病歿した。歳六十四。著書も数多い。

羽倉簡堂《はくらかんどう》＝寛政二年（一七九〇）十一月一日、幕臣羽倉秘救の子として大坂に生れる。諱は用九、字は士乾、通称は外記。簡堂、蓬翁、天則、可也の号を持つ。古賀精里に学び、幕府代官となる。幕府の命令により、大島・三宅島・八丈島を視察している。天保十三年（一八四二）、納戸頭となり、生野の銀山の経営に当り、大坂の民政にも力を尽したが、後に辞任して読書、執筆に努めた。ペリー来航に際しては海防策として攘夷論を唱えた。幕府は再度の仕官を勧めたが辞退して仕えなかった。文久二年（一八六二）閏八月二十一日、七十三歳で歿した。

◎嘉永癸丑《かえいきちゅう》、俄使《おし》、国書《こくしょ》ヲ齎《もたら》シ、疆界《きょうかい》ヲ論《ろん》ズ。烈公《れっこう》、仲寧《ちゅうねい》ニ命《めい》ジテ川路聖謨《かわじとしあきら》ニ従《したが》ヒ長崎《ながさき》ニ赴《おもむ》キ、俄《お(が)》使《し》ト弁論《べんろん》セシム。聖謨《としあきら》、其《そ》ノ有用《ゆうよう》ノ器《うつわ》為《た》ルヲ知《し》リ、将《まさ》ニ幕府《ばくふ》ニ薦《すすめ》メントス。仲寧《ちゅうねい》義《ぎ》ノ不可《ふか》ナルヲ以《もっ》テ之《これ》ヲ辞《じ》ス。

【意訳】

嘉永六年、ロシアの使節プチャーチンは国の正式文書を持参し、国境の確定を申し入れてきた。烈公斉昭は仲寧に命じて、川路聖謨の手伝いとして長崎に出張させ、ロシアの使節と交渉させた。聖謨は仲寧が交渉の仕事において材能ある人物であることを知り、幕府の役人に推薦しようとした。仲寧は、道理の上で許されないという理由で辞退した。

【語釈】

嘉永癸丑《かえいきちゅう》＝嘉永六年、西暦一八五三年。癸丑は「みずのとうし」と読んでもよい。

俄使《おし》＝ロシアの使節プチャーチン。俄は俄羅斯《おろしゃ》の略。音は「が」。「お」は近世漢語での発音。

プチャーチンは七月十八日に軍艦四艘で長崎に入港、幕府は国書の受理を決定した。国書は、国境の確定と和親条約の締結を求めていた。十二月五日、再び長崎に入港。幕府は川路聖謨を派遣して国書を返却し、国境の確定、条約の調印は将来の課題として交渉は終った。仲寧が聖謨に従って長崎に赴いたのは二度目の交渉の時である。この時仲寧は日記三冊を記した。一冊は烈公への報告用、一冊は家族への報告用、一冊は自分の控としたという。

疆界《きょうかい》＝境。この場合は国境。

川路聖謨《かわじとしあきら》＝享和元年（一八〇一）四月二十九日、日田代官所属吏内藤吉兵衛の子として生れる。後に小普請組川路光房の養子となる。諱は万福、後に聖謨、通称は弥吉、三左衛門、左衛門尉。号は敬斎。

文化元年四歳の時、家族と共に江戸に出たが、文化九年、川路家の養子となり、翌年家督を継ぎ小普請組となった。十八歳の時、勘定所の筆算吟味に合格し、支配勘定出役となる。天保六年、寺社奉行脇坂安董のもとで出石藩仙石家のお家騒動を裁いた。後に勘定吟味役に抜擢され、佐渡奉行、奈良奉行、大坂奉行を歴任、この間、従五位下左衛門尉に叙任。嘉永五年、勘定奉行（公事方）に転任し、海防掛を兼務した。翌年筒井政憲と長崎に出張し、ロシア使節プチャーチンと応接した。仲寧が従者として出張したのはこの時のことである。続いて下田の協議を経て、安政元年十二月に日露和親条約を締結した。翌年、禁裏御普請御用で上洛、同五年正月には条約勅許問題で堀田正睦に従って再び上洛して条約勅許に努力したが、安政の大獄に連座し、後に隠居謹慎を命ぜられた。文久三年、再び外国奉行に任命されたが、五ケ月で辞任、隠居した。慶応二年、中風で倒れて半身不随となり、失意のまま拳銃自殺した。歳六十八であった。

◎藩籍《はんせき》ニ擢《あ》ゲラレ、史館《しかん》ニ入《い》リ、豊田《とよだ》・青山《あおやま》ノ諸老《しょろう》ト十志《じゅうし》ヲ編纂《へんさん》ス。其《そ》ノ家《いえ》伍軒坊《ごけんぼう》ニアルヲ以《もつ》テ、門人称《もんじんしょう》シテ伍軒先生《ごけんせいせい》ト曰《い》フ。

【意訳】

次いで水戸藩士として採用され、彰考館に入って豊田天功、青山伯卿の諸先輩と『大日本史』の志類の編集に従った。仲寧の住所は伍軒町にあったので、門下生は仲寧のことを伍軒先生と呼んだ。

【語釈】

藩籍《はんせき》ニ擢《あ》ゲラレ＝正式な水戸藩士として採用されたこと。嘉永七年（一八五四）八月十四日、合力三人月俸。安政二年、弘道館舎長、役料銀五枚。安政三年、弘道館訓導、史館勤務兼務。安政四年、小十人組。安政六年、定江戸奥右筆、馬廻組、弘道館訓導。万延元年、史館編集。

史館《しかん》＝彰考館。明暦三年（一六五七）、水戸藩駒込の別邸内に史局を開設したことに始り、寛文十二年（一六七二）、小石川本邸に移し、彰考館と名付けられた。『大日本史』『礼儀類典』などの編纂が行われた。元禄十一年（一六九八）水戸城中に移されたが、光圀の歿後、江戸・水戸の二館となり、斉昭が藩主となると水戸に統一された。

豊田《とよた》＝豊田亮。文化二年（一八〇五）豊田信卿の二男として常陸国（茨城県）賀《が》美村《み》（里美村）に生れる。諱は亮、通称は丑松、後に彦次郎。字は天功。松岡あるいは晩翠と号す。藤田幽谷に学ぶ。文化三年、史館勤。天保十二年、弘道館勤、史館兼職。同十四年、国史編集頭取。弘化元年、水戸藩が幕府から処分を受けると閣老に建白書を提出して禁固を命ぜられる。嘉永六年、復職。安政元年、ロシア及び蝦夷地の沿革・風土・物産などの調査結果を「北島志」としてまとめる。同二年、小姓頭。同三年、彰考館総裁となり、「仏事志」「食貨志」「兵志」「刑法志」の編纂に当った。文久四年（一八六四）一月二十一日病歿した。歳六十。

青山《あおやま》＝青山延光。文久四年（一八〇七）、青山延于の子として江戸で生れる。諱は延光、字は伯卿、通称量太郎。佩弦斎、晩翠、春夢の号をもつ。文政七年彰考館に入り、水戸藩士の来歴を調査し、「東藩文献志」編集を命ぜられる。天保元年、史館総裁代役。同十一年、弘道館教授、同頭取。万延元年、教授頭取。尊攘派が長岡（茨城町）に屯集すると討手の将となり出陣したが、屯集勢は四散した後であった。明治新政府に出仕し中博士となった。明治三年、歳六十四で歿した。

十志《じゅうし》＝『大日本史』の本紀・列伝・志・表の中の志類のこと。『大日本史』の場合、神祇・氏族・職官・国郡・食貨・礼楽・兵・刑法・陰陽・仏事の十志。仲寧の担当は礼楽志であった。

伍軒坊《ごけんぼう》＝伍軒町。水戸市街の旧町名。一般には五軒町と記す。仲寧は、安政三年（一八五六）正月、私塾菁莪塾を開いた。前年藤田東湖が安政の大地震で圧死したので、その門人の多くは菁莪塾で学んだ。門人の数は五・六百人を下らなかったという。「講学約束」三条を記し、塾の学則とした。「講学約束」は『尚不愧斎存稿』に見えるが、漢文体で記されているので、読み易くして最後に載せておく。

◎此《こ》ノ時《とき》、井伊《いい》大老《たいろう》事《こと》ヲ用《もち》ヰテ烈公《れっこう》ヲ別邸《べってい》ニ幽《ゆう》シ、順公《じゅんこう》ニ勅書《ちょくしょ》ヲ奉還《ほうかん》センコトヲ逼《せま》ル。仲寧《ちゅうねい》憤《いきどお》リテ曰《いわ》ク、「斯《こ》レ忍《しの》ブベクシテ孰《いづれ》カ忍《しの》ブベカラザル者《もの》アラン」ト。勅書《ちょくしょ》ヲ還《かえ》スノ十不可《じゅうふか》ヲ陳《の》ブ。已《すで》ニシテ桜田《さくらだ》ノ変《へん》有《あ》リ。

【意訳】

安政六年、大老井伊直弼は権力によって斉昭を駒込の屋敷に幽閉し、慶篤に対して戊午の密勅を幕府に返却するよう強制した。仲寧は憤って「これを我慢せよというのであれば他に我慢できないことは無くなってしまうではないか。（これ以上憤激すべきものは無い）」と言い、密勅を返納することに反対する十か条の理由を陳述した。このような次第で、万延元年には桜田門外の変が起った。

【語釈】

此《こ》ノ時《とき》＝安政五年（一八五八）。この時将軍家定の継嗣を誰にするかの問題と日米通商条約の調印のことが大きな政治問題であった。四月二十三日、彦根藩主井伊直弼が大老に就任すると、六月十九日、下田奉行に命じ、条約を無勅許のまま調印させた。六月二十四日、徳川斉昭、名古屋藩主徳川慶恕、水戸藩主徳川慶篤らは、予告なしに江戸城に入り、条約の無勅許調印の責任を追及した。これに対して直弼は弁明につとめた。その翌日には、将軍継嗣の候補となっていた一橋慶喜を斥け、和歌山藩主徳川慶福を将軍継嗣と決定した。

烈公《れっこう》ヲ別邸《べってい》ニ幽《ゆう》シ＝同年七月五日、幕府は徳川斉昭に急度《きっと》慎《つつしみ》を、徳川慶恕に隠《いん》居《きょ》・急度慎を命じた。その結果斉昭は駒込の別邸に幽閉された。

順公《じゅんこう》ニ勅書《ちょくしょ》ヲ奉還《ほうかん》センコトヲ逼《せま》ル＝順公は藩主慶篤。勅書はいわゆる戊午の密勅で、武家伝奏万里小路正房より水戸藩京都留守居役鵜飼吉左衛門を通して慶篤に下された勅書。内容は、幕府を補佐して攘夷の態勢を整えることを命じ、さらに、この勅書の内容を諸藩に伝達するようにとの趣旨である。後にこの勅書を慶篤の前で解読、解説を加えたのが仲寧であったと伝えられる。

幕府は、安政六年八月二十七日、一橋慶喜に隠居・慎《つつしみ》、慶篤に差控《さしひかえ》、斉昭に国許《くにもと》永《えい》蟄居《ちきょ》、付家老中山信宝に差控、藩士安島帯刀に切腹、茅根伊予之介、鵜飼吉左衛門に死罪、鵜飼幸吉、鮎沢伊大夫に遠島を命じた。十二月十六日には勅書返納の朝旨の伝達があった。その後、藩論は勅書返納をめぐって混乱が続くことになる。

勅書《ちょくしょ》ヲ還《かえ》スノ十不可《じゅうふか》ヲ陳《の》ブ。＝水戸藩政府は、安政七年（一八六〇）二月二十三日、勅書を二十五日に返納することを決定する。翌二十四日に仲寧は「内争鎮撫に関する意見書」を提出し、二十五日には「不可返納十条」を建白した。その日、斎藤留次郎が勅書返納に反対して水戸城中で自刃した。そのために返納は延期されることになった。「不可返納十条」は長文なので最後に参考として掲げておく。

桜田《さくらだ》ノ変《へん》＝桜田門外の変。勅書返納に反対して長岡（茨城町）に屯集していた水戸藩士は、二月二十日解散して行方不明となった。その一部は脱藩して浪士となり、江戸に向った。三月三日、元薩摩藩士有村次左衛門、水戸藩脱藩浪士関鉄之助ら十八名は、桜田門外において大老井伊直弼登城の行列を襲い、大老の首級をあげた。

◎文久壬戌《ぶんきゅうじんじつ》、大原卿《おおはらきょう》勅《ちょく》ヲ奉《ほう》ジテ東下《とうげ》ス。仲寧《ちゅうねい》、藩宰《はんさい》武田正生《たけだまさなり》・大場景淑《おおばけいしゅく》ト、一橋《ひとつばし》・越前二公《えちぜんにこう》ニ見《まみ》エ。薩長《さっちょう》二藩《にはん》ト商議《しょうぎ》ス。卿《きょう》、旨《しゅ》ヲ伝《つた》ヘ幕政《ばくふ》ヲ改革《かいかく》セシム。水戸藩《みとはん》與《あづか》ツテ力《ちから》有《あ》リ。

【意訳】

文久二年（一八六二）、大原重徳卿は勅書を携えて江戸に向った。仲寧は水戸藩の重役武田正生や大場景淑とともに、一橋慶喜、松平慶永の二公に謁見し、薩摩藩・

長州藩の人々と協議を重ねた。大原卿は勅使を幕府に伝え幕府の政治を革めさせた。これには、水戸藩が関係して功績があった。

【語釈】

文久壬戌《ぶんきゅうじんじつ》＝文久二年（一八六二）。壬戌は「みずのえいぬ」と読んでも良い。

大原卿《おおはらきょう》＝大原重徳《しげとみ》。享和元年（一八〇一）十月十六日京都に生れる。文化二年（一八〇五）光格天皇の侍童となり、同十二年元服して大和権介に任命され、昇殿を許される。日米通商条約の勅許問題では、幕府に外交問題を委任することに反対した。文久二年、島津久光の幕政改革の献策により勅書が発せられると勅使となり、六月十日江戸城で伝達、幕政の改革を約束させ、閏八月帰京した。後に国事御用掛となり、慶応三年に参議、維新後は参与となり、刑法官知事、議定、上局議長、集議院長官などを歴任、明治十二年四月一日歿する。歳七十九。

武田正生《たけだまさなり》＝武田耕雲斎。文化元年（一八〇四）跡部新八の子として生れる。幼名彦太郎、諱は正生、字は伯道、通称は彦次郎、伊賀、修理。号は耕雲斎、。本家跡部正房の養子となり、後に武田姓に改める。文政年間に斉昭の水戸藩主擁立に力を尽す。天保十年若年寄。弘化の藩難では斉昭の雪冤運動に加わる。安政二年学校奉行、定江戸若年寄。戊午の密勅の問題では返納に慎重であるべきを進言している。文久二年十二月、幕命により一橋慶喜に従って上洛し、翌年江戸に帰った。元治元年、市川三左衛門の執政就任に反対して江戸に向ったが、藩内鎮諭の命を受けて水戸に向う宍戸藩主松平頼徳に尾行したが、水戸城に入れないまま那珂湊において市川勢と交戦する。後に波山勢に合流し、いわゆる天狗党の首謀格として西上軍を統轄していたが、十二月二十日加賀藩に降伏し、元治二年（一八六五）二月四日、敦賀において斬罪に処せられた。歳六十二。

大場《おおば》景淑《けいしゅく》＝大場一眞斎。享和三年（一八〇三）水戸に生れる。幼名熊之助、諱は景淑、通称弥右衛門、主善正、号は風軒、後に一眞斎。天保二年家督を継ぎ、大番頭、若年寄を経て弘化元年大寄合頭となる。安政五年の密勅の処置については返納反対の立場を取った。万延元年、勅書返納が決定すると、長岡勢に内通して解散させたことが発覚し、勅書変納の役を命ぜられたが、二月二十五日、斎藤留次郎の自刃により勅書返納は延期された。文久三年、藩主徳川慶篤に従って上京し、京都守護となる。慶応三年十二月十二日、徳川慶喜が京都を離れる際に二条城留守居を命ぜられた。維新後は京都に留まり余生を送った。明治四年一月十五日歿。六十九歳。

一橋《ひとつばし》・越前《えちぜん》二公《にこう》＝一橋慶喜と越前前藩主松平慶永のふたりのこと。仲寧が慶喜に最初に対面したのは、文久二年十二月二十四日に武田耕雲斎が一橋慶喜に従って上京するに際し、小石川の藩邸で送別の会を開いた席上でのことである。松平慶永には直接面接していないようである。

薩《さつ》・長《ちょう》二藩《にはん》ト商議ス＝「故幕府監察原君碑銘」には「長藩木戸孝允、松山藩山田球ニ見ヘ、図議スル所有リ」と見えている。木戸孝允は桂小五郎、山田球は山田方谷（備中松山藩の儒者、藩主板倉勝静が老中となるとその顧問となった。藩政改革、洋式銃の採用など、見るべき業績がある）。薩摩藩士で親しく交わった者の記録は見当らない。

旨《しゅ》ヲ伝《つた》ヘ幕府《ばくふ》ヲ改革《かいかく》セシム＝勅書にはいわゆる三事策が記されていた。三事策の第一は、将軍が大小名を率いて上洛し、国事を議すること、第二は、五大老を設け、国政に参画させること、第三は、一橋慶喜を将軍後見職に、松平慶永を大老職に任命して将軍を補佐させることであった。重徳は文久二年六月十日、江戸城において勅書を伝達した。幕府は七月六日に一橋慶喜を将軍後見職に、同月九日、松平慶永を大老職ではなく政治総裁職に任命し、文久の改革といわれる政治改革に取組んだ。

◎明《あく》ル年《とし》、将軍《しょうぐん》朝《ちょう》ニ入《い》ル。仲寧《ちゅうねい》、正生《まさなり》ト一橋公《ひとつばしこう》ニ従《したが》ヒ西上《せいじょう》シ、官武《かんむ》ノ機務《きむ》ニ参《さん》ズ。

【意訳】

次の年、将軍家茂は上京して天皇に拝謁した。仲寧と武田耕雲斎とは一橋慶喜に従って京都に入り、文武の重要な事務に参画した。

【語釈】

明《あく》ル年《とし》＝文久三年（一八六三）三月四日、将軍家茂上京する。家光以来二二九年ぶりのことである。

一橋公《ひとつばしこう》ニ従《したが》ヒ＝将軍後見職一橋慶喜の入京は文久三年正月五日のことである。仲寧はこの時、水戸藩奥右筆頭取の身分で慶喜の支配下にあった。

官武《かんむ》ノ機務《きむ》ニ参《さん》ズ＝一橋慶喜の下で政務を担当し、軍事の統轄の仕事を分担した。

◎尋《つい》デ公《こう》、摂海《せっかい》ノ防禦《ぼうぎょ》ヲ督《とく》ス。此《こ》ノ歳《とし》、薩《さつ》・長《ちょう》ノ二藩《にはん》、外釁《がいきん》ヲ開《ひら》ク。尋《つい》デ長藩《ちょうはん》、闕《けつ》ヲ犯《おか》ス。内訌外懼《ないこうがいく》、日《ひ》ニ甚《はなはだ》シ。

【意訳】

続いて一橋慶喜公は、摂海防禦の指揮を担当した。文久三年に薩摩と長州の二藩は外国と戦いを始め、続いて長州藩は宮中に兵を進めた。国内での争い、外国との心配事は日増しに激しくなっていった。

【語釈】

摂海《せっかい》ノ防禦《ぼうぎょ》ヲ督《とく》ス＝正確には摂海防禦指揮という。元治元年（一八六四）三月二十五日、慶喜は禁裏御守護総督と摂海防禦指揮を命ぜられ、将軍後見職を免ぜられた。

薩《さつ》・長《ちょう》ノ二藩《にはん》、外釁《がいきん》ヲ開《ひら》ク＝外釁は外国との争い。

皇女和宮の降嫁を条件として、幕府は十年以内に鎖国状態に戻すことを約束したことにより、攘夷をいつ断行するかが政治問題となり、文久三年四月二十日に将軍家茂は、五月十日を攘夷の期限日とすることを天皇に奏上した。これにより長州藩は五月十日に下関海峡を通行中の米国船を砲撃し、続いてフランス・オランダ船にも砲撃を加えた（下関砲撃事件）。これに対して翌年八月五日、イギリスを加えた四か国の連合艦隊は、下関の砲台を攻撃、上陸して下関の砲台を占領した（下関戦争）。

一方、イギリスは文久二年八月二十一日、島津久光の行列をイギリス人が妨害したとの理由で斬殺される事件（生麦事件）の報復として、翌年七月二日、イギリス艦隊七隻が鹿児島を攻撃した（薩英戦争）。

尋《つい》デ長藩《ちょうはん》、闕《けつ》ヲ犯《おか》ス＝文久三年八月十八日、薩摩・会津両藩のクーデターにより、長州藩及び三条実美ら尊攘派の公卿七人は京都から追放された。その報復として、翌元治元年七月十九日、長州藩は禁門（蛤御門）において、薩摩・会津及び幕府の兵と交戦した（禁門の変・蛤御門の変）。長州藩は御所に兵を向けたことにより朝敵と称され、長州征伐の口実を与えることになった。

◎**一日《いちじつ》ニシテ仲寧《ちゅうねい》、公《こう》ノ帷幄《いあく》ニ参《さん》ジ、夙夜鞅掌《しゅくやおうしょう》、具《つぶさ》ニ忠藎《ちゅうじん》ヲ効《いた》ス。**

【意訳】

ある日、仲寧は一橋公の家臣となって政策決定に参加し、朝から夜まで仕事に奔走して、誠意を尽して仕えた。

【語釈】

一日《いちじつ》ニシテ＝仲寧が水戸藩士から一橋家の家臣となったのは元治元年（一八六四）四月のことである。

帷幄《いあく》＝戦場で幕を張り作戦計画を立てるところ。転じて参謀。

夙夜鞅掌《しゅくやおうしょう》＝夙夜は、朝早くから夜遅くまで。鞅掌は、仕事を多く引受け忙しいこと。鞅は、になうこと、掌は手に捧げもつこと。

◎**慶應丙寅《けいおうへいいん》ノ八月《はちがつ》、将軍薨《しょうぐんこう》ズ。公《こう》、入《い》リテ宗統《そうとう》ヲ承《う》ケ将軍職《しょうぐんしょく》ヲ襲《おそ》フ。**

【意訳】

慶応二年の八月に、将軍家茂が死去された。一橋公は宗家を継承され、征夷大将軍の職に就任された。

【語釈】

慶應丙寅《けいおうへいいん》ノ八月《はちがつ》＝慶応二年（一八六六）。丙寅はひのえとらとも読む。八月二十日に喪が発表されたが、病歿されたのは七月二十日、長州征伐の途上、大坂城中であった。

宗統《そうとう》ヲ承《う》ケ＝先祖を同じくする一族を宗統という。ここでは徳川家を指す。二十日に前将軍の喪を発表すると共に徳川宗家を相続する。

将軍職《しょうぐんしょく》ヲ襲《おそ》フ＝正式に征夷大将軍に任命された（将軍宣下）のは十二月五日のことである。この時併せて正二位・大納言・右近衛大将に任命された。

◎**仲寧《ちゅうねい》、一日《いちじつ》ニ五《ご》タビ遷《うつ》リ、監察《かんさつ》ヲ以《もっ》テ大政《たいせい》ニ参《さん》ズ。**

【意訳】

仲寧は幕臣となって、一日に五回官職が変り、監察という立場で幕府の政治に参画した。

【語釈】

一日《いちじつ》ニ五《ご》タビ遷《うつ》リ＝八月二十二日、仲寧は特命により両番格奥詰、賜米五十苞となり、その日のうちに監察となり、賜米百苞、布衣《ほい》に任命されたことをいう。奥詰は奥詰衆のことで、将軍警護役。両番は書院番と小姓組番の両番。苞は俵。五十俵取りは五十石取りに相当する。監察は旗本の監視役で目付のこと。布衣は六位相当の位。

監察《かんさつ》＝目付。若年寄に属し、旗本の監視・監督を任務とした。

◎**会《たまたま》先帝登遐《せんていとうか》シタマフ。仲寧喪儀《ちゅうねいそうぎ》ヲ掌《つかさど》リ、建議《けんぎ》シテ浮屠《ふと》ノ陋式《ろうしき》ヲ廃《はい》ス。**

【意訳】

ちょうどその頃、先の帝孝明天皇が崩御された。仲寧はその葬儀を担当した。葬儀の方法について意見を述べて云うには、従来の仏式を廃止すべきである、と。その意見によって仏教による従来の品格のないやりかたでの葬儀が廃止された。

【語釈】

先帝《せんてい》＝孝明天皇。

登遐《とうか》＝遐は道のりの長く遠いこと。登遐は、遠い天に上る意で、天子の死を意味する。崩御。

浮屠《ふと》＝仏教・仏僧のこと。ブッダの漢語訳。

◎是《これ》ヨリ先《さき》、英《えい》・法《ほう》ノ軍艦《ぐんかん》兵庫《ひょうご》ニ入《はい》リ、開港《かいこう》ヲ要請《ようせい》ス。幕府《ばくふ》状《じょう》ヲ具《ぐ》シテ奏請《そうせい》ス。先《せん》帝《てい》、時勢《じせい》ヲ熟察《じゅくさつ》シタマヒ、始《はじ》メテ其《そ》ノ請《せい》ヲ允《ゆる》シタマフ。

【意訳】

これより以前に、イギリス・フランスの軍艦が兵庫港に入り、兵庫の開港を要求してきた。幕府はその状況を具体的に申しあげ、兵庫開港を勅許されるよう奏上した。孝明天皇はよくよくお考えになり、時勢の推移を考慮されて幕府の申し出をお許しになった。

【語釈】

是《これ》ヨリ先《さき》＝慶応元年。

英《えい》・法《ほう》ノ軍艦《ぐんかん》＝九月十九日、イギリス・フランス・オランダの連合艦隊。イギリス・フランス・オランダ・アメリカの各国公使を伴い、条約勅許、兵庫開港を要求する。法は法国の略でフランスのこと。

先帝《せんてい》＝孝明天皇。

其《そ》ノ請《せい》ヲ允《ゆる》シタマフ＝幕府が奏上した条約勅許・兵庫開港につき、十月五日、条約は勅許、兵庫開港は不許可の勅書が出された。兵庫の開港は、慶応三年三月二十八日、将軍慶喜がイギリス・フランス・オランダの各国公使と会見し、開港を約束し、五月二十五日になって勅許された。

◎而《しか》ルニ浮浪《ふろう》攘夷《じょうい》ヲ主《しゅ》トスル者《もの》ノ謂《い》フ、「仲寧《ちゅうねい》、開港《かいこう》ヲ首唱《しゅしょう》シ朝旨《ちょうしゅ》ニ戻《もと》リ幕政《ばくせい》ヲ誤《あやま》ル」ト。

【意訳】

しかしながら浪士の攘夷を主張する者が言うには、「仲寧が兵庫港開港を言い出し、朝廷のお考えに逆らい、幕府の政治を間違えさせたのだ」と。

【語釈】

開港《かいこう》＝兵庫開港のこと。

戻《もと》り＝「もどり」とも読めるが、道理に逆らうという意味で、「もとり」と読む。

◎三士《さんし》ノ刺《し》ヲ通《つう》ジテ見《まみ》ヘンコトヲ求《もと》ムル有《あ》リ。仲寧《ちゅうねい》、方《まさ》ニ髪《かみ》ヲ理《ととの》フ。直《ただち》ニ入《い》リテ之《これ》ヲ戕《しょう》シ走出《そうしゅつ》ス。家士《かし》追及《ついきゅう》シ、其《そ》ノ一人《いちにん》ヲ斃《たお》ス。一人《いちにん》ハ自殺《じさつ》シ、一人《いちにん》ハ自訴《じそ》ス。此《こ》レヲ慶《けい》應丁卯八月十四日《おうていぼうはちがつじゅうよっか》ト為《な》スナリ。享年《きょうねん》三十有《ゆう》八。東山長樂寺《ひがしやまちょうらくじ》ニ葬《ほうむ》ル。将軍《しょうぐん》嗟悼《さとう》シテ吏《り》ヲ遣《つかわ》シ葬《そう》ヲ視《み》ル。

【意訳】

三人の武士が名刺を出して、仲寧に会いたいと申し入れてきた。その時仲寧は髪を結いあげていた。すぐさまそこに入ってきて仲寧を刀で殺害し逃げ出した。家来

長楽寺山門（長楽寺提供）

の者が追いかけて、その中の一人を斬り倒し、一人は自ら命を絶ち、一人は自ら名乗り出た。この事件は慶応三年八月十四日に起ったことである。歿した時、歳は三十八であった。遺骸は京都東山の長楽寺に埋葬した。将軍慶喜は歎き悲しみ、使者を遣わして葬儀の世話をした。

【語釈】

三士《さんし》＝幕府同心鈴木豊次郎、依田雄太郎、同じく与力鈴木恒太郎の三人を指す。十四日朝、仲寧の宿所へ遊撃隊の鈴木熊太郎、遠山良之介と名乗り、豊次郎と恒太郎が面会を求めた。ひと間に控えさせておいたが、鏡に向い結髪中であったので背後に気付かず、左右から斬られ、首級は屋外に持ち去られた。

戕《しょう》＝刃物で殺傷すること。

家士《かし》**追及**《ついきゅう》**シ**＝一人は恵之介という家来に斬られ、もう一人は小原多三郎・岡田新吾の両名に追われ、板倉伊賀守屋敷前で斬られ自刃している。

自訴《じそ》ス＝与力の鈴木恒太郎は趣意書を持って板倉伊賀守屋敷に訴え出た。趣意書には兵庫開港は国を誤ることが述べられているが、背後には、高橋伊勢守（泥舟。事件当時遊撃隊頭取）、山岡鉄太郎（鉄舟。当時浪士取締役）らが仲寧の出世をねたみ、三人を派遣したともいわれている。

長楽寺《ちょうらくじ》＝洛東にある時宗の寺院。慶篤の弟昭訓（文久三年十一月二十三日病歿）もこの寺に葬られている。

嗟悼《さとう》＝なげき悲しむ。

◎配《はい》ハ松本氏《まつもとし》、一女《いちじょ》アリ、人《ひと》ニ適《ゆ》ク。

【意訳】

配偶者は松本氏といい、一人の娘があったが他家に嫁いだ。

【語釈】

松本氏《まつもとし》＝目付松本平左衛門の長女で、名を知世《ちせ》という。万延元年（一八六〇）に結婚した。

一女《いちじょ》＝文久元年（一八六一）十二月の誕生。名を幾牟子《きむこ》という。

◎**蓋《けだ》シ外国《がいこく》ノ事起《ことおこ》リテ以来《いらい》、朝廷《ちょうてい》攘夷《じょうい》ヲ以《もつ》テ幕府《ばくふ》ヲ責《せ》ム。幕府《ばくふ》遵《したが》ハズ、議《ぎ》ヲ奉《ほう》ズル者《もの》、之《これ》ヲ直《ただ》サズ。**

【意訳】

よくよく考えるに、嘉永六年ペリー来航から外国との交渉が始ってこのかた、朝廷では外国を撃ち払うことを主張して幕府をせめたてたが、幕府は従うことがなかった。議論に参加する者も両者の関係を根本的に正そうとはしなかった。

【語釈】

外国《がいこく》ノ事《こと》＝嘉永六年のペリー来航以降の諸外国との条約調印、その勅許、国境の確定、開港・鎖港などの問題をいう。

◎**仲寧《ちゅうねい》、有為《ゆうい》ノ略《りゃく》ヲ負《お》ヒ、烈公《れっこう》ノ遺志《いし》ヲ奉《ほう》ジ、一橋公《ひとつばしこう》ヲ佐《たす》ケ、天下《てんか》ノ力《ちから》ヲ合《あわ》セ、国《こく》**

威《い》ヲ海外《がいこく》ニ耀《かがや》カサント欲《ほっ》ス。

【意訳】

仲寧は役に立つはかりごとをにない、水戸斉昭の残された考えを大切にし、一橋慶喜をたすけて、諸藩の力を統合して、わが国の威厳を海外にまで輝かすことを望んでいた。

【語釈】

ここでは仲寧の理想としたところを述べている。

烈公《れっこう》＝水戸藩九代藩主徳川斉昭。

一橋公《ひとつばしこう》＝一橋慶喜。

◎公《こう》ノ宗統《そうとう》ヲ嗣《つ》グニ迨《およ》ビ、不次《ふじ》ノ抜擢《ばってき》ヲ蒙《こうむ》リ、方《まさ》ニ将《まさ》ニ改轍作為《かいてつさくい》スル所有《ところあ》ラントス。不幸《ふこう》、未《いま》ダ施為《せい》ニ及《およ》バズシテ非命《ひめい》ニ斃《たお》ル。

【意訳】

一橋慶喜が徳川宗家を次将軍職に就任するに及んで、異例の抜擢を受けて重い役職に登用され、いよいよこれから従来の方向を改め新しく手を加えようとした。そうであるのに仲寧は災難に遭って命を落した。

【語釈】

公《こう》＝一橋慶喜。

宗統《そうとう》＝宗家、本家。

迨《およ》ビ＝おくれず間に合う。時期をはずさない。

不時《ふじ》ノ抜擢《ばってき》＝不時は順序どおりでないこと。前の「一日ニ五タビ遷リ」のことを指す。

方《まさ》ニ将《まさ》ニ＝「方ニ」はちょうどその時。「将ニ」は「まさに……せんとす」と読み、「これから……をしようとする」「……しそうだ」の意味を持つ。

改轍《かいてつ》＝車のわだちを改める。転じて、従来のやりかたを変更すること。

非命《ひめい》ニ斃《たお》ル＝慶応三年八月十四日の事件を指す。

◎**抑《そもそも》大勢《たいせい》ノ此《ここ》ニ至《いた》ル、固《もと》ヨリ仲寧《ちゅうねい》一人《いちにん》ノ能《よ》ク挽回《ばんかい》スル所《ところ》ニ非《あら》ズ。然《しか》レドモ仲寧《ちゅうねい》ヲシ**

テ在《あ》ラシメバ、則《すなわ》チ其《そ》ノ大坂《おおさか》ヲ退《しりぞ》クモ将軍《しょうぐん》ヲ佐《たす》ケテ朝《ちょう》ニ入《い》リ、伏見《ふしみ》ノ変《へん》ヲ激成《げきせい》セザルヤ必《ひつ》セリ。

【意訳】

ところで、政治の状況が慶応三年のようになれば、もちろん仲寧一人がよくよく頑張ったところで元に戻すことは無理であった。しかしながら、仲寧その人が生きて政治に参画していたならば、その時には、あの大坂城を退いた後でも将軍を補佐して朝廷に参内して話し合い、伏見の戦いを激発させるようなことは、決して無かったであろう。

【語釈】

ここでは伏見の変の時に、仲寧がもし生きていたならばどうであったか、仮定のもとに記述し、伏見の戦いはなんとか収められたのではないかと推測している。

◎仲寧学識《ちゅうねいがくしき》有《あ》リ。氣宇深沈《きうしんちん》。周匝《しゅうそう》ヲ綜理《そうり》ス。言笑《げんしょう》ヲ苟《いや》クモセズ。文章《ぶんしょう》ヲ善《よ》クシ、国《こく》典《てん》ニ精《くわ》シ。著《あら》ハス所《ところ》、尚不愧斎存稿《しょうふきさいぞんこう》・督府紀略《とふきりゃく》・雑著若干種《ざっちょじゃっかんしゅ》有《あ》リ。

尚不愧斎存稿

【意訳】

仲寧は学問見識があり、心の広さに深みがあり落着いている。周囲のものをよくとりまとめ、笑いながらものを言うことは万に一つもしたことがない。文章が巧みであって、古典に精通していた。執筆したものとして「尚不愧斎存稿」「督府紀略」、その他いろいろな著作物が何種類かある。

【語釈】

気宇《きう》＝心のひろさ、度量。
深沈《しんちん》＝性格に深みがあり落着いていること。
周匝《しゅうそう》＝「匝」はめぐる。周りをめぐりまわること。とり巻き。
尚不愧斎存稿《しょうふきさいぞんこう》＝原仲寧の詩文集。出版明治十七年三月十五日。相続人原百之、編集出版人綿引泰、製本発売人吉川半七の奥付のもとに木版和装四冊本として刊行された。

督府紀略《とふきりゃく》＝二巻。禁裏御守衛の職掌と総督としての慶喜の足跡を記す。慶応元年四月、仲寧落馬療養中に執筆したが、未完に終る。「尚不愧斎存稿」三冊目に収載されている。

◎今茲丁酉《ことしていゆう》、門生義故《もんせいぎこ》、将《まさ》ニ碑《ひ》ヲ水戸常磐公園《みとときわこうえん》ニ建《た》テ、以《もつ》テ後世《こうせい》ニ表《ひょう》セントシ、余《よ》ト仲寧《ちゅうねい》ト同《おな》ジク昌平黌《しょうへいこう》ニ学《まな》ビ、且《か》ツ其《そ》ノ平生《へいぜい》ヲ悉《ことごとく》スルヲ以《もつ》テ撰文《せんぶん》ヲ請《こ》フ。之《これ》ヲ辞《じ》スルコトヲ得《え》ズ。

【意訳】

今年明治三十年、かつての門人と恩恵を受けた縁故の者とが、記念のいしぶみを水戸常磐公園に建てて仲寧の功績を後世に明らかにしようとした。私と仲寧とは昌平黌に同じく学んだ間柄であり、さらにその後の日頃の生活の全てを知り尽くしているという理由で、その碑に記す文を作ることを求められた。私はこの求めを辞退することはできないのである。

【語釈】

今茲《ことし》**丁酉**《ていゆう》＝今年明治三十年。丁酉は「ひのえとり」と読んでも良い。
門生《もんせい》＝門下生、門弟。
義故《ぎこ》＝かつて恩義を受けた縁故のある者。
常磐公園《ときわこうえん》＝天保十三年（一八四二）、徳川斉昭によって開設された偕楽園を中心とする一帯の公園のことで、明治六年（一八七三）公園に指定された時に、地名を採って常磐公園と名付けられた。大正十一年（一九二二）国の史跡・名勝に指定された。
同《おな》**ジク学**《まな》**ビ**＝「同学タリ」と読んでもよい。
撰文《せんぶん》＝文章を作ること。出来上がった文章。

◎乃《すなわ》**チ銘**《めい》**ス。銘**《めい》**ニ曰**《いわ》**ク。**
幕府《ばくふ》**歳**《とし》**ヲ閲**《けみ》**ス　茲**《ここ》**ニ三百**《さんびゃく》
海警《かいけい》**一**《ひと》**タビ起**《おこ》**リ　大勢**《たいせい》**已**《すで》**ニ非**《ひ》**ナリ**
幸《さいわい》**ニ烈公**《れっこう》**有**《あ》**リ　身**《み》**ニ安危**《あんき》**ヲ繋**《つな》**グ**

君公《くんこう》ノ側《かたわら》ニ長《ちょう》ズ　夙《つと》ニ為《な》ス有《あ》ランコトヲ期《き》ス
一橋公《ひとつばしこう》ニ會《あ》ヒ　入《い》リテ百司《ひゃくし》ヲ統《す》ブ
一日《いちじつ》ニ五遷《ごせん》セラレ　受《う》クルニ次《つぎ》ヲ知《し》ラズ
大勢《たいせい》ヲ挽回《ばんか》スルハ　方《まさ》ニ此《こ》ノ時《とき》ニ在《い》リ
而《しか》ルニ斯《こ》ノ禍《わざわい》ニ罹《かか》ル　命《めい》ナル夫《かな》、噫《ああ》
謀國《ぼうこく》ノ人亡《ひとほろ》ビテ　覆社之《ふくしゃこれ》ニ隨《したが》フ
爰《ここ》ニ銘字《めいじ》ヲ勒《ろく》ス　誰《かれ》カ余《よ》ノ悲《かなしみ》ヲ知《し》ラン
明治《めいじ》三十年丁酉《ねんていゆう》八月建《がった》ツ

鎮西《ちんぜい》　吉田晩稼《よしだばんか》書《しょ》ス

【意訳】

よって来歴を述べ功績を称える韻文を作った。その文にいう。

徳川幕府の歳の経過すること　ここに三百年。
外国との問題が起ると　幕府政治はすで

市之進原君之墓
（京都　長楽寺）

に統治の力を失っていた。
幸にも水戸斉昭公がいて　一身に国家
の将来を繋ぎとめていた。
あなたは長い間斉昭公の側にいて　早
くからその才能に期待されていた。
一橋慶喜公に会うに及んで　その指揮
下に入り多くの役人を統轄し
一日の間に五回官位を遷され　前例の無いような抜擢を受けた。
幕府の勢いを取り戻すには　絶好の機会であった。
そうであるのに悲運の事件に会う　天命であるのか　これは　ああ
国の為に心を砕き身を尽す人が亡くなったので　幕府の滅亡は当然の結果であっ
た。
ここに彼の功績を偲ぶ文を刻もうとする　一体誰が私の悲痛な気持を知りえよう
か。

原市之進之墓
（常磐共有墓地）

明治三十年丁酉八月これを建てる。　　　　鎮西の人吉田晩稼が筆を採った。

【語釈】

銘《めい》＝来歴を述べ功績を称える文。一句ごとの字数を同じくして韻を踏む。（この銘は上平声の支韻。）

【参考二】

故幕府監察原君碑銘

「伍軒原先生碑」の草稿と思われる一文がある。「故幕府監察原君碑銘」と題し、東京大学史料編纂所及び茨城県立図書館に写本が所蔵されている。文中に「今茲庚寅義故門生、将ニ碑ヲ偕楽園ニ建テ以テ之ヲ追祀セントス」とあるので、明治二十三年（一八九〇）頃の執筆であろう。

文章の表現には偕楽園に在る碑の文面とは異なる部分があり、銘文も違っている。ただし、内容に共通する部分があるので、この文章が初稿であったものと思われる。参考までに全文を掲載する。（なお、俗字はそのままとした。）

故幕府監察原君碑銘

余在レ藩時。以二多口一。爲二當路者所レ憎。鬱々幽居。一日聞三原君仲寧致二非命之死一。仰レ天痛哭曰。一橋公入二承宗統一。將二大有レ所レ爲。不レ可三一日無二仲寧一。仲寧今死。幕府之急可知也。尋將軍奉還大政。明年正月伏見之變起。夫奉還大政。將軍之素志也。使仲寧在。不特無伏見之變。且將贊將軍。協力勤王諸藩。成維新之大業。此余之所以深惜仲寧之死也。仲寧諱忠敬。後改忠成。號尚不愧齋。仲寧其字。世籍水戸藩。父諱雅言。食百五十石。母外岡氏。仲寧其第二子也。幼有偉才。年甫十三。講經綴文。東湖先生異之。曰。斯子必增光國史。成義公業。弱冠游昌平黌。鹽谷藤森諸耆宿。交口推賞。尤爲簡堂羽倉翁之所器。遇幕府遣勘定奉行川路聖謨。赴長崎。接俄使。仲寧以烈公之命。陪行。聖謨知其爲有用之器。將薦諸幕府。仲寧以大義辞之。歸藩。開菁莪塾。弟徒數百。以其家伍軒坊。皆稱曰伍軒先生。彦根大老幽烈公別邸。仲寧奔赴周旋甚力。大老逼順公奉還勅書。仲寧奮然曰。斯可忍則孰不可忍。陳還勅之不可十條。已而有櫻田之變。文久壬戌。大原三位奉勅東下。仲寧與藩宰大場武田二氏。見長藩木戸孝允松山藩山田球。有所圖議。幕府之奉朝旨。水戸藩與有力焉。明年將軍入朝。仲寧與武田氏。從一橋公上京。朝廷命一橋公。總督官武機務。攝海防禦。仲寧參帷幄。是時長藩三宰擁兵逼禁闕。武田藤田諸氏討姦黨。潰圍西上。英法軍艦要請開兵庫港。將軍家茂西征幕軍不競。内訌外懼日愈多事。而一橋公居間調停。維持危殆。仲寧之功居多焉。慶應丙寅。將軍薨。一橋公入承宗統。襲將軍職。仲寧一日五遷任大監察。實爲異數。是歳孝明天皇崩。仲寧掌山陵大儀。建議廢浮屠陋式。一復古制。既而英法再請開兵庫港。將軍熟察時勢。上奏許其請。當時浮浪專唱攘夷者。不知海外事情爲何事。以仲寧盛用事。奮起曰。仲寧首唱開港。戻朝旨。勸將軍至此。其黨三人刺仲寧其邸舍。是爲丁卯八月十四日。享年三十有八。葬于京師東山長樂寺。將軍嗟悼。遣吏視葬。蓋外事起以來。論事者不渉海外之大勢。一意拒絶。仲寧負有爲之略。方將承烈公之志。合天下之力。耀國威於海外。會一橋公襲將軍職。蒙不次之拔擢。漸知時勢大異疇昔。方將有所改革。未及施爲。不幸斃於非命。天下惜之。仲寧有學識器幹。氣宇深沈。不苟言笑。於書無所不渉。尤精國典。所著尚不愧齋存稿。督府紀略。雜著若干部。今茲庚寅義故門生。將建碑偕樂園。以追祀之。以余與仲寧同學。且備悉其生平。介人請銘辭。固辭不得。乃銘之。銘曰。

霸府之治。世有盛衰。降及嘉安。大勢已非。
海警一起。凛如累棋。幸有烈公。身繫安危。

彼凶而愎。　曚無レ所レ知。　至レ誣二聖勅一。　噫天誰欺。
君懐二偉器一。　以報効期。　一日五遷。　入參二樞機一。
再中レ頽日。　方在二斯時一。　而罹二斯禍一。　何命數奇。
英賢已死。　覆レ亡隨レ之。　此銘貞レ石。　彼蒼何其。

仙臺　岡千仭撰文

（銘文末尾の其は、疑問をたすける助辞）

【参考二】

講学約束

菁莪塾の「講学約束」を書き下し文にして掲げておく。

講学ノ約束

一、学ノ講ゼザル、孔子ノ聖、猶《なお》以テ吾ガ憂ト為スナリ。後世ノ晩輩、何ゾ其ノ力ヲ効《いた》シテ以テ学問ニ従事セザランヤ。然ルニ聖人既ニ没シ、遺教綿々甚ダ微ニシテ僅カニ伝フ。後ノ学者、尋繹スル所無シ。牽強付会、各《おのおの》見ル所ヲ以テ説ヲ為ス。或ハ蕩シ或ハ泥シ、其ノ弊一ナラズ。甚ダシキニ至リテハ則チ学問ハ徒《いたずら》ニ名ヲ衒フノ技ト為シ、文章ハ反ッテ短ヲ飾ルノ具ト為ス者、往々コレ有リ。吾徒今古学ヲ講ゼント欲ス、将ニ孰レニカ適従シテ準ヲ取ラントスルカ。夫レ遠キニ往ク者ハ、必ズ先ズ其ノ向フ所ヲ定メ而ル後ニ発ス。歩ナリ舟ナリ、皆造《いた》ルベシ。工ヲ為ス者ハ必ズ予メ其ノ程トスル所ヲ立テテ而ル後ニ作ル。方ナリ円ナリ、皆就《な》ルベシ。苟クモ先定予立セズシテコレニ即セント欲スルヤ、則チ手巧ニシテ器利ニ、足健ニシテ舟牢ナリト雖モ、徒ラニ歳月ヲ糜スルノミニシテ、終ニ幸ニシテ能ク就《な》シ能ク至ルコト莫シ。然レバ則チ学者ノ志ヲ立テ識ヲ定メ、以テ聖人ノ道ヲ学ブ所以ノ者ハ、亦将《も》ッテ如何スベキヤ。我藩ハ先君義公躬ラ斯ノ道ニ任ジタマヒ、以テ天下ニ率先シテヨリ、百数十年來《このかた》、世々遺緒ヲ紹《つ》ギ、治教維レ一、以テ士民ニ蒞《のぞ》ミ、其ノ業ノ墜ル有ル罔《な》シ。納言公ニ至リテ、益々大ヒニ其ノ志ヲ述ベ、学校ヲ建立シ以ッテ衆材ヲ育ス。嘗テ之ガ記ヲ作リテ曰ク、神州ノ道ヲ奉ジ、西土ノ教ヲ資リ、忠孝二無ク、文武岐レズ、学問事業、其ノ効ヲ殊ニセズ、ト。此レ公ノ我士民ニ顕告シ、士風ヲ振厲シ、人材ヲ薫陶スル所以ナリ。蓋シ公ノ言、即義公ノ意ニシテ、聖人ノ道モ亦此ニ外レズ。則チ吾徒ノ宜シク準則ト為スベキ所ノ者、実ニ此ノ数語ニ在リ。抑々皇国ハコレ西土ト勢異ニ、俗殊ナル。礼文ノ節ノ若キニ至リテハ、則チ方鑿円枘、我ニ於テ竟ニ行ヒ難キ者有リ。然レドモ玉帛鐘鼓ハ抑《そもそも》末ノミ。経邦明倫ニ至リテハ、礼ノ大ナル者、己ヲ成シ物ヲ済ス学ノ正ナル者トハ、則チ未ダ嘗テ同ジカラズンバアラザルナリ。而シテ学者ノ務ムル所ハ此ニ在リテ彼ニ在ラズ。則チ博ク其ノ古道旧経ヲ学ビ、多ク其ノ前言往行ヲ識リ、之ヲ資リテ我ニ用ヒ、時ニ遵ヒ宜キニ酌ミ、以テ其ノ道ヲ行フ、亦可ナラズヤ。向フ所已ニ定マリ、程トスル所已ニ立ツ。而ル後、蚤夜淬厲シテ以テ公ノ盛意ニ合フコトヲ求ム。遅疾巧拙ハ各々其才ニ因ルノミ。而レドモ豈ニ終ニ達セザルノ理有ランヤ。亦豈ニ蕩ト泥トノ患有ランヤ。宋ノ李覯言ヘル有リテ曰ク、筆墨ヲ弄シテ以テ利達ヲ徼《もと》メルノミト。豈徒ニ二三子ノ羞ノミナラズ、抑亦国ヲ為ス者ノ憂ヒ、此レ則チ学者ノ大戒ナリ。一、孟子称《い》フ、孔子ハ聖ノ時ノ者ナリ、ト。何ヲカ時ト謂フ。時ニ屯夷《とんい》有リ、道ニ汚隆有リ。此レ自然ノ理、其ノ時ニ処シ其ノ道ヲ行フ。以テ速カニ以テ久シ。可モ無ク不可モ無シ。之ヲ要スルニ斯道ヲ之レ天下ニ明カニセント欲ス。此レ聖人ノ意ナリ。昔者《むかし》、禹ハ洪水ヲ抑ヘテ天下平カナリ。周公ハ夷狄ヲ兼ネ、猛獣ヲ駆リテ百姓寧《やす》シ。孔子ハ春秋ヲ成シテ乱臣賊子懼《おそ》ル。孟子ハ揚墨ヲ拒ミテ淫辞ヲ放ツ。而シテ聖人ノ道明ナリ。此ノ三聖一賢ナル者ハ、皆其ノ時ニ処シテ其ノ道ヲ行フ。汲々トシテ世ヲ憂ヒ、門ニ入リ席ヲ暖ムルニ暇アラズ。其ノ業力《つと》タリト謂フベシ。而シテ遂ニ天下後世ニ功有ルコト此クノ如シ。則吾徒ノ講学、寧ゾ斯ノ時ニ処スル所以ヲ知ラザルベケンヤ。亦安ンゾ孜々トシテ其ノ力ヲ効《か》サザルベケンヤ。吾及バズト道《い》フ、之ヲ自暴ト謂フナリ。聖賢吾何ゾ敢テ望マン、之ヲ自画ト謂フナリ。位ニ在ラズ吾行フヲ得ズ、之ヲ自棄ト謂フナリ。夫レ孔孟天下ヲ周流シ、空言施ス無シ。而シテ終ニ能ク正道ヲ天下ニ明ラカニス。唐ノ韓愈、孟子ヲ推シテ以テ功禹下ニ在ラズト為ス。則チ仲尼ノ徒孔子ヲ以テ尭舜ニ賢タルコト遠シト為スハ、蓋シ亦誣ヒザランヤ。後ノ聖人ヲ学ブ者、苟クモ其ノ時ニ処シ其ノ道ヲ行ハント欲セバ、其ノ自ラ効ス所以、果シテ如何ゾヤ。則洪水ナリ、夷狄ナリ、乱臣ナリ、異端ナリ。値フ所擯排シテ以テ正道ヲ明ラメ、復タ遺力無シ。而ル後ニ能ク聖人ヲ学ブ者ト為スカ。世ノ無識ノ陋儒、苟容ヲ意ト為シ流俗ニ同ジ、汚世ニ合セ、以テ時ニ処スト為ス者有リ。此レ時ニ趨ルナリ。所謂時ナルモノハ此ノ謂ニ非ザルナリ。孟子曰、尭舜ノ知ニシテ物ニ徧カラズ先務ヲ急グナリ。此ヲコレ時ニ処スルノ行ト謂フナリ。

一、易ニ曰ク、二人心ヲ同フシテ其ノ利金ヲ断ツ、ト。志合フトキハ則チ事済マザルナキヲ言フナリ。億兆ノ夷人モ亦離徳有ルハ商ノ亡ブル所以、乱臣十人同心同徳ハ周ノ興ル所以ナリ。此レニ由リテ之ヲ言ヘバ、苟クモ其ノ心同ジカラザレバ其ノ志合ハズ。則チ億兆臣庶有リトイヘドモ国家ニ裨益スル所ノ者ハ、夫ノ至テ少キニ如カザルナリ。而シテ君ノ畜フル所以、臣ノ致ス所以ノ者、亦イヅクニカ在ルヤ。吾ガ徒幸ヒニ文明ノ世ニ生レ、目ニ異物ヲ覩《み》ズ、耳ニ殊声ヲ聞カズ。熙々然トシテ日々太平ノ化ニ浴ス。其ノ深甚厚沢、苟クモ之ノ徳ニ報ゼント欲セバ、昊天極罔シ。当ニ相与ニ吾ガ君ニ左右シ、益々其ノ治教ヲ隆ニシ、斯ノ民ヲシテ永ク仁寿ノ域ニ躋ラシムベキヲ要ス。此レ吾ガ徒ノ宜シク心力ヲ竭クシテ以テ国恩ノ万一ニ報ズベキ所ナリ。自今以往、皆能ク合志同心、相与ニ磨礱研究シ、各々其ノ才ヲ達シ、忠告善道、互ヒニ及バザルヲ助ケ、以テ国家異日ノ裨益ト為ラバ、公ノ学校ヲ建立スル所以ノ意ニ背カザルニ庶幾カランカ。而シテ臣子誠ヲ致ス所以ノ義竭クセリ。而シテ学問ノ道、豈他有ランヤ。

右講学約束三条、唯其ノ大旨ヲ論ズルノミ。学者苟モ其ノ見ヲ謬ラザレバ、則チ躬行モ亦従ヒテ正ナリ。若シ夫レ坐作進退ノ礼、灑掃応対ノ節、人々朝夕従事スル所ハ、今復タ贅セズ。

以上が、菁莪塾の塾生の入門に際して守るべき約束事であった。

【参考三】

勅書返納不可十条

勅書返納に反対の意見書「返納不可十条」は次のような内容であった。

乍レ恐以二書取一奉二言上一候。一昨午八月中御頂戴被レ遊候　御勅書、此節速ニ御返納可レ被レ遊旨、転奏衆より所司代迄、御達しニ罷成候ニ付、早速御指出被レ遊候様、安藤対馬守殿を以て被二仰出一候趣承知仕候ニ付、右は容易ニ御動し可レ被レ遊御筋合ニ有レ之間敷、たとひ従二　京都一之御沙汰ニ候共、一応之御使も無レ之、直ニ　公辺へ御指出と申儀、於二御事体一如何可レ有レ之哉之旨、去十二月中、同勤共一同、其筋へ申立候処、間もなく御年寄衆始め御役々罷登り、　公辺え被二仰立一之御品も有レ之趣、諸向え御達ニ罷成候間、御家之御名義相立候様、何と歟御聞済も可レ有レ之歟と愚慮罷在候処、其後如何之御都合ニ被レ為在候哉、御懐は相弁不レ申候得共、兎角　公辺御扱ふりも御六ケ敷との御模様ニ被レ為在、おい〳〵時日を過候様ニては、又々如何なる御次第ニ被レ為レ及候哉も難レ計、旁之御意味ヲ以て誠ニ無二御拠一御事情ニ付、今般愈御指出可レ被遊御治定ニて、再度御下ケ被遊候　御親書拝見仕リ、今更土貢申上候ては恐入候筋ニ御座候得共、重大之御事柄　御家之御安危ニも相拘候程之儀、愚存相包居候ては、ます〳〵恐入候儀ニ付、委細ニ申上候。一体　御勅書之御意味　徳川御家御補佐之思召より被仰出候儀ニは候へ共、公辺御役人衆外夷扱向之儀ニ付、不伺　叡慮条約調印被致候段　御逆鱗之余リ御察当被為在候御訳柄ニ御座候得バ、公辺御役人衆其侭被指置候ては、面々不相済事ニおち入候筋ニ付、許多之手段ヲ以て堂上方始め諸大夫等ニ至ル迄彼是相構へ、無根之大獄ヲ起し、夫々御処置ニ相成、従て不容易御国難ニ相及候上、元来　御勅書之儀も全く取繕候て被仰出候御事故、御取戻ニ不相成候ては、公武御隔絶之基と申事ニ仕なし、其筋々え百方手ヲ被尽候段は申上候迄も無之、既ニ一昨冬以来御老中方より御返納ニ相成候様、不一度内密申上候歟ニ藩々承知仕候処、従　京都之御沙汰も無之御返納ニ可相成御事柄ニ無御座候間、是迄御持はり被遊候得共、右之儀ニ付候ては御家中末々迄一統痛心仕り、万一如何様之儀より御返納被遊　京都え被為対御名義不相立事ニ至リ可申哉、過慮之余リおい〳〵中納言様へ申上候処、深キ御踏へも被為在候との御事ニ御座候処、対馬守殿御家御用向為二取扱一、度々参上被レ致候上は、何れ之筋ニも御国許え御指下し被レ遊候方可レ然との一統志願ニ有レ之、私共先役中右旁々御内用を以て、九月十九日江戸表より罷下り、内々拝謁仕候処、乍レ恐右之儀ニ付厚キ御内慮も奉レ伺、両君様御決心之上、無レ程御国許え御指下ニ相成候間安心仕り罷在候処、此度之御次第ニ至り、誠ニ無二余儀一御事情トは乍レ申、扨々悲嘆無二此上一残念奉レ存候。仍レ之彼是愚考仕候処、たとひ如何様之御旨儀ニ被レ為レ及候共、此度　公辺え御指出可レ被レ遊御筋合決して無レ之、其次第ハ左ニケ条ヲ以て申上候。

第一

御勅書御下ケニ相成候節、成否は兎も角も御尽力可レ被レ遊との御請も被二仰上一候歟ニ承知仕候処、諸藩え御伝達之儀も御扣被レ遊、其後一事之　御勅意ヲ奉じ被レ遊候御廉合無レ之、此度　公辺へ御指出ニ相成候ては、全く　叡慮ヲ空敷被レ遊候段御逃れ無レ之、京都え被レ為レ対、御家之御名義相立申間敷奉レ存候事。

第二

御勅書御意味合ハ　公辺御役人衆外夷扱向之儀ニ付、如何と被二思召一御察当被レ為レ在候筋ニ御座候所、右は全く　徳川御家之為厚く被㆓思召㆒、何卒御扶助被㆑遊度との　叡慮より兼々御賢明之儀被㆓聞召㆒候ニ付、御補佐被㆑為㆑在候様被㆓仰下㆒候御儀ニて、　御親藩之御立場誠ニ御本意之筋ニ御座候処、此度御返納ニ相成候ては　御本宗御補佐御行届無㆑之段ヲ、天下へ御顕し被㆑遊候筋合ニおち入可㆑申奉㆑存候事。

第三

公辺御役人衆御国地之浮沈ニ拘候程之儀、不㆑伺㆓　叡慮㆒取扱候様ニては、外夷之儀ハ暫さし置、御国内治乱も如何と被㆓思召㆒　御勅意ニ御座候処、此度御返納ニ相成候ては、　公辺御役人衆は勿論御親藩まで　叡慮御奉じ無㆑之筋ニおち入、愈　徳川御家御扶助も御六ケ敷被㆓思召㆒候より、万ニ一外夷ヲ斥け御国体相立候様、諸藩之内へ御下知被㆑為㆑在候様之儀、決して無㆑之理ニハ御座候得共、此後天下之時勢相変じ候ニ従ひ、右様之事ニ被㆑為㆑至候哉も難㆑奉㆑計、左候ては　公辺へ御対し被㆑遊㆓如何㆒と奉㆑存候事。

第四

御家御代々様京都御尊敬被㆑遊候儀ハ諸藩御見合も無㆑之、格別之御家風天下遍く承知仕居候処、此度之御次第、全く　天意を空敷被㆑遊候御筋ニ成行候ては、是迄元朝御遥拝天使(子)御即礼等之御規格も虚文ニ相成り、乍レ恐　御祖宗へ御対し被レ遊候て御孝道如何被レ奉レ存候事。

第五

御勅書之儀は御家來之者、乍レ恐　君上御内存ヲ奉レ察、京都取繕候より被二仰下一候御筋ニて、不二容易一大事ヲ醸し候(ママ)なし公武之御隔絶ニも至候との御廉を以て、恐多くも君上ニはか丶る御難儀ヲ被レ為レ蒙、御家老始め夫々重刑ニ被二仰付一候段、御国辱無二此上一、臣子之身ニ取り候ては何共難レ忍次第ニ御座候へ共、御忠誠深く被レ爲レ入候御明徳は天下ニ相輝キ候事ニて、いつしか御運も相開キ御冤罪も相晴れ可レ申と天下之公論ヲ相待候儀、誠ニ無レ拠臣子之至情ニ御座候処、此度御返納ニ相成候ては、愈取繕候御品ニ付、於二京都一も御取戻し被レ遊候との御筋ニおち入り、御冤罪も全く御無実ニ無レ之抔、天下之批判ニか丶り候様ニては、乍レ恐　中納言様御孝道ニも相拘可レ申奉レ存候事。

第六

前条之通り、弥御筋違之御品ニ付、御取上ケと申儀ニおち入候ては、乍レ恐是迄御等閑ニ被レ為レ過候御次第ニ御座候間、被レ為レ対二　公辺一御憚り無レ之姿ニ相当り、何と歟御申訖も不レ被二仰立一候ては相成不レ申、従て右之御当りも被レ為レ在候様ニては、御返納被レ遊候上、此後御国難之程も難レ奉レ計奉レ存候事。

第七

前条之通り、弥御筋違之儀ニ相成候ては、堂上方右へ致二関係一候人を始め、夫々取扱候面々心得違抔之処より、如何様不慮之禍難を受候様之儀ニ至り可レ申も難レ計、従て段々其元へ泝り候へは、畢竟　主上御心得違よりケ様之儀ニ及び、天下之大事ニ至候抔、種々之羅織ヲ構へ、万々一恐多くも　御譲国之御次第ニも及候様奉レ要候事ニも成行候ては御大変、何共可二申上一筋無レ之、左候ては天下ニ御対し被レ遊決して被レ為レ済間敷奉レ存候事。

第八

外夷取扱之儀ハ関東へ為二御任一ニ相成候様、堀田下総守殿上京之砌相願候歟ニ御座候処、一円御許容無レ之、其節転奏東坊城殿右之周旋致候廉ヲ以て、御役御免慎被二仰付一候よし、其後間部下総守殿上京被レ致候得共、為二御任一之儀ハ御聞済無レ之、今以其御都合ニ御座候歟ニ伝説承知仕候所、外夷之模様頻ニ相迫り、一々伺二 叡慮一候様ニハ相成兼、自然 公辺御手切之御扱も可レ有レ之、然ル所、前文為二御任一之儀も 御勅書御家ニ有レ之候内ハ、第一於二 京都一も御頼被二思召一候筋ニて、容易ニ御聞済ニも相成間敷候処、此度御返納ニ相成候得ハ、最早無二余儀一御事情ニ相なり、所詮彼是御下知も御無益ニ被二 思召一候処より、総て為二御任一ニ相なり、無限之御国体ヲ損候様之事ニ至リ可レ申も難レ計奉レ存候事。

第九

此節相勤居候 公辺御役人衆は、面々之御察当を蒙候 御勅書ニ御座候間、一刻も早く御返納被レ遊候様申上候筈ニ御座候得共、向後おい〳〵相変し候上は左様ニは有レ之間敷、かく迄篤キ 叡慮ヲ以て被二仰出一候程之儀、於二 公辺一も御本意之事ニ候得ハ、無レ謂御返被レ遊御筋ニ無レ之抔申上候ニ可レ有二御座一候。尚又 上様御成長之後、徳川御家御扶助之為被二下置一候 御勅書御返納ニてハ、如何抔被二 思召一候も難レ計、旁深く御勘考被レ為レ在候ハヾ、指向キ候利害のみニ御泥ミ被レ遊御返納ニ可二相成一御筋ニ無レ之奉レ存候事。

第十

御勅書之儀、御家中始御領中末々迄何れも深く存込、何とぞ　御家之御名義相立候様仕度、夫々存意可㆑被㆓申上㆒候所、多く之内ニハ指迫り候了簡より心得違、御役方へ相対し不㆓相済㆒進退いたし、甚不敬之所業も御座候者不㆑少成行候段、面々之心得不㆑宜者も御座候へ共、畢竟は右　御勅書より事起り候儀ニて、彼是御諭しも承伏不㆑仕、此節長岡へ罷出居候者共之如く、無㆓余儀㆒御人数御指向ニて御召捕抔申儀ニ至候ては、第一御政体えも相響キ、乍㆑恐　人君之御立場何程歟御嘆ケ敷可㆑被㆓思召㆒御筋ニて、詰り御徳義へも相拘り可㆑申、元来　御勅書之儀ニ付候ては、深く存詰居候者数多相見へ候間、右之族何れもおしはり承服不㆑仕事ニ相成候ハヾ、夫々御処置ヲ蒙り候様罷成り、以て之外御政化ヲ損フ儀ニおち入可㆑申のみならず、第一御家之御名義相廃候事ニ相成候ては、向後名節御励被㆑遊候御廉無㆑之候。従て御国政相立不㆑申事ニ至り可㆑申奉㆑存候事。

右十ケ条、何れも不㆑軽御次第ニ御座候間、得と　御賢慮被㆑為㆑在候ハヾ、容易ニ御返納被レ遊候御筋合ニハ有二御座一間敷、おい〳〵申唱候処ニては、此度彼是被二　仰立一候ては、御為筋不二御宜一、　両君様御身上ニ相係る程之御難も難レ計、又は此度御沙汰ニ相背き御延引ニ相成候ては御違勅之事ニ有レ之抔申ふれ候得共、右ハ　公辺御役人衆被レ申候辞ニ可レ有レ之、元来一刻も早く御返納冀居候心中より出候得バ、彼是御為筋之儀如何と申上候筈ニ御座候得共、全く　京都御沙汰ニ御違背被レ遊候筋ニも無レ之、御家之御名義も相廃れ不レ申様御懇願之被レ遊方も可レ有レ之、既ニ一昨秋直様諸藩へ御伝達被レ遊候様との御儀も　公辺御不都合之御訳ヲ以て御扣へ被レ遊、御伝達御延引之処は下総守殿上京之節御頼被レ遊候歟ニ承知仕候処、如何取繕候哉、今以て御違勅之御察当も無レ之候得バ、　公辺御役人衆ニて　御家之為厚く存込、夫々周旋も被レ致候ハヾ、此度も同然、何と歟取扱ふりも可レ有レ之、総て御至誠ヲ以て御懇願ニ相成候ハヾ、一円御貫キ難二相成一御筋ニも有二御座一間敷愚慮仕候。畢竟御為筋如何と申候も全く好意ヲ以て申上候ニ可レ有二御座一候間、右好意ヲ以て取扱候儀なれバ、御家之御安危ニ拘候程之大事、一円ニ御返納より外無レ之と申上候筋も無二御座一候。且又御延引ニ相成候ては直様御当りと申筋も無レ之、御本末之御間御親睦之情合ニも相拘り、　公辺より御親藩御待遇之御廉も御座候間、右等之処は厚く被二仰立一、兎角　御家之御名義少しも相立候様仕度、　御家之御名義相立候ハ、於二　公辺一も御悦被レ遊可レ然御筋合ニ御座候間、幾重ニも御懇篤ニ被二　仰上一、其上ニも御叶不レ被レ遊候ハヾ、誠ニ無二御拠一事ニ御座候へ共、夫以て一時之御利害ニのみ御泥み被レ遊、御名義ヲ相廃候様ニて、乍レ恐　御祖宗へ御対し被レ遊決て不レ被レ為レ済御事ニ御座候間、申上候迄ハ無二御座一候へ共、厚御勘考被レ為レ在、向後御後悔不レ被レ為レ在候様御手段被レ為レ尽度奉レ願候。神国之危難ニ当リ全く御一家之御厭ひのみニて、大義を御忘れ被レ遊　水戸家之君臣無レ人抔天下より御批判御受被レ遊候も、臣子之身ニ取り残念無二此上一事ニ御座候間、再度御下ケ被レ遊候御親書も拝見仕り、今更申上候ハ恐入候得共、難レ忍心底存分申上候。何卒今一応御再慮被レ為レ在候様不レ堪二至願一奉レ存候。

（察当＝江戸時代の用語。違法行為をとがめること。）

【参考四】

原伍軒先生年譜略

東海　比企泰手録

文政十三年庚寅（是歳天保ニ改元ス）正月六日。先生水戸城西向井町片町ノ宅ニ生ル。幼ノ字ハ小熊。父ハ原十左衛門雅言。水戸藩ノ勘定奉行（食禄百五十石）。母ハ外岡氏。

天保四年癸巳。先生四歳。

是歳。疱瘡ヲ患フ。

天保七年丙申。先生七歳。

二月居ヲ信願寺町ニ移ス。先生天資聡敏ニシテ。等儕ニ出ズ。人咸称シテ神童ト曰フ。

天保十年己亥。先生十歳。

二月根本長嘯（敬義・五六郎）之門ニ入リ。読書習字ヲ修ム。尾崎某ニ従ヒ無念流ノ剣術ヲ攻ム。

天保十二年辛丑。先生十二歳。

八月朔。弘道館新タニ建ツ。藩士ノ子弟ヲシテ。大ニ文武ヲ修メシム。是ニ於テ。

先生日出テ文館武場ニ出入シ。声誉増著ハル。

天保十三年壬寅。先生十三歳。

八月烈公弘道館ニ莅ミ。諸生ノ講経ヲ聴キタマフ。先生及牀井雄・福地勝ノ三人。

（時ニ以テ三秀才ト為ス。而シテ牀井ハ病没シ。福地ハ神発流砲術師範ト為ル。独リ先生
文学経世ヲ以テ著ハル。）優等ヲ以テ。各左伝一部ヲ褒賜サル。是ノ月会沢先生ノ門
ニ入リ。経史ヲ修ム。

天保十五年甲辰（是歳弘化ニ改元ス）。先生十五歳。

五月烈公退隠シ。一国恟々タリ。藤田東湖・会沢正志。其ノ他ノ正論讜議ノ士。屏
居ス。

時態丕キク変ズ。弘道館亦随ツテ振ハズ。先生内藤正直・河瀬某等ト往復講習懈ラズ。

弘化二年乙巳。先生十六歳。

三月。伯氏忠愛（熊之介）同志之士ト。竊カニ江戸ニ赴キ。君冤ヲ閣老阿部勢州之

邸ニ訴フ。藩律ヲ犯スヲ以テ。水戸先鋒隊長某ノ宅ニ囚セラル。故ヲ以テ。大人モ亦蟄居ヲ命ゼラル。先生閉居シ、家事ヲ経営シ、読書益々勤ム。時ニ東湖先生小梅ノ謫居ニ在リ。窃カニ文書ヲ贈リ慰藉シ。且ツ文章ヲ贈リテ正サンコトヲ乞フ。先生批摘督励。伍申優劣論ヲ出シ之ヲ試ム。先生論文上下二編ヲ作リ以テ呈ス。東湖批読シ。窃カニ寄託人ヲ得タルヲ喜ブト云フ。

弘化三年丙午。先生十七歳。

十二月首服ヲ加ヘ。名ヲ任蔵ト改ム。是ノ月対策ヲ以テ儕輩ニ出《ヌキ》ンデ。擢ゲラレテ居学生ト為ル。又篤学ヲ賞セラレ。麻布上下地壱匹ヲ賜ハル。当時ノ水府著名者ノ小伝ヲ著ハシ居学筆叢若干巻ト曰フ。

弘化四年丁未。先生十八歳。

八月秋ノ大比①ニ優等タリ。自今白銀三枚ヲ給シ、以テ学資ニ充ツ。蓋シ異数ノコトナリ。十月妣外岡氏病ニ罹ル。先生日々湯薬ニ侍シ、看護怠ラズ。薬石効無ク。其ノ歿スルニ及ビ。哭泣哀毀シ、制服ノ外。心喪ニ服スルコト三年。人其ノ至孝ヲ称ス。

弘化五年戊申（是歳嘉永ト改元ス）。先生十九歳。

九月市毛某（谷右衛門）ニ就イテ雪荷流ノ射術ヲ学ブ。

嘉永二年己酉。先生年二十歳。

三月青山佩弦（延光）ニ従ヒ文ヲ学ブ。内藤正直（耻叟）・牀井親忠・照沼泰義等ト。書ヲ督学ニ呈シ。学政ヲ論ズ。

十月尾崎銕石心ニ従ヒ。新当流ノ馬術ヲ学ブ。

嘉永三年庚戌。先生二十一歳。

九月吉村内蔵吉ニ従ヒ。兵法ヲ学ブ。秋試ニ。子張問政ノ章[2]ノ講義ヲ上リ。当時ノ政弊ヲ痛論ス。公ノ旨ニ協フ。講学約束三条ヲ作リ。学問ノ大旨ヲ論ズ。

此ノ冬。肥後ノ宮部鼎蔵、長州ノ吉田寅次郎、南部ノ江幡五郎等。來リテ剣客永井政介ノ宅ニ寓ス。先生交リヲ締ビ往復時事ヲ論議ズ。

嘉永五年壬子。先生二十三歳。

十二月。官許ヲ請ヒ、江戸ニ游学ス。羽倉簡堂ノ塾ニ游ビ。塩谷宕陰。藤森弘庵等ノ諸名家之間ヲ周游シ。頗ル奨推セラレ学業大ニ進ム。

嘉永六年癸丑。先生二十四歳。

四月古賀謹堂ノ門ニ入ル。昌平黌ノ諸生寮ニ寓ス。（水戸家臣同列麾下ノ士ノ例ハ宜シク寄宿寮ニ入ルヲ得ベクシテ諸生寮ニ入ルヲ得ズ。其ノ寄宿寮ハ麾下膏梁ノ子弟ノ学ブ所、益ヲ得ルヤ少ナシ。諸生寮ハ諸藩俊秀ノ会スル所、見聞大イニ益有リ。因ッテ官ニ請ヒテ諸生寮ニ入ル。蓋シ異例ナリ。）会津ノ高橋誠三郎。仙台ノ岡啓輔。刈谷ノ松本謙三郎。薩摩ノ重野厚之允等ト。切磋研磨。以テ経済文章ヲ攻ム。六月墨船始メテ浦賀ニ入ル。人心騒然タリ。

十月露船長崎港ニ來リ。互市ヲ要求ス。幕府勘定奉行川路左衛門尉。筒井肥後〔前〕守。応接掛ヲ以テ。長崎ニ赴ク。先生其ノ幕賓ト為リ。之ニ随従ス。著スニ西游記有リ。（七月魯国布恬廷來ル。長崎ニテ応接掛大目付筒井肥前守、御勘定奉行御勝手掛川路左衛門尉、御目付荒尾土佐守、御儒者古賀謹一郎、長崎発向。十月晦日発足。先生川路ニ随従シテ行キ、翌年二月廿三日帰ル。）

嘉永七年甲寅（是歳安政ト改元ス）先生二十五歳。

二月水戸ニ帰省ス。再ビ羽倉簡堂ノ塾ニ游ブ。

八月昌平黌ニ入ル。篤学ヲ以テ藩公特ニ三人口俸ヲ賜フ。

九月命有リ。監察大久保右近將監ニ従ヒ。京都ニ抵ル。事罷ミテ果サズ。西上稿有リ。

十一月昌平黌ニ入ル。

安政二年乙卯。先生二十六歳。

六月。薩摩ノ堀貞道、日向ノ日高彰、因幡ノ安達忠、岩国ノ大艸暢、肥前ノ蒲原基等ト。富嶽ニ登リ。甲斐ニ游ブ。登山録ヲ著ハス。

十二月（十月）二日。江戸震災。昌平黌崩壊ス。戸田太夫（蓬軒）・藤田東湖先生圧死ス。先生喪ヲ護リ。水戸ニ帰ル。時ニ弘道館総教地震ノ問ヲ発ス。先生ノ対策第一。抜ンデテ舍長ト為ル。（是歳。対地震問文ヲ上リ声誉有リ。）

今茲。因幡ノ安達清風、長州ノ赤川淡水（後ノ佐久間左平（左兵衛））等。会沢先生ノ塾ニ來寓ス。而シテ相往来ス。佐賀ノ木原義次郎、久留米ノ姉川隆次郎、本荘栄次郎、長州ノ中村誠一、津ノ高取尚敬等ノ諸士。來游シ共ニ交ヲ結ビ。相親シム。（方ニ是ノ時天下多事ニシテ、諸藩有志ノ士意ヲ我ガ水戸ニ傾ク。故ニ四方ヨリ來游ノ士、悉ク先生ノ名ヲ聞キテ來ル者踵ヲ継ギ、応接ニ遑アラズ。）

安政三年丙辰。先生二十七歳。

正月。菁莪塾[3]ヲ上町伍軒町ニ開キ。生徒ニ教授ス。是ヨリ先。東湖先生。塾ヲ設ケ徒ニ授ク。幾バクモ亡クシテ。台命江戸ニ赴ク。茅根寒緑其ノ後ヲ受ク。又幾バクモ亡クシテ江戸ニ祗役ス。先生塾ヲ開クニ及ビ。東湖・寒緑ノ門下生咸至ル。従游スル者日ニ多ク。諸藩秀才ヲ択ビテ來リ学ブ者。毎ニ五六百人ヲ下ラズ。其ノ盛ナル。近古無比ナリト云フ。人呼ンデ伍軒先生ト称シテ。姓氏ヲ呼バズ。

三月歩士ト為リ弘道館訓導ヲ以テシ。史館編集ヲ兼ヌ。

九月命有リ。専ラ大日本史志類ノ編纂ニ務ム。礼楽志ノ事ヲ管掌ス。

是歳。諸藩ノ志士ノ水戸ニ來リ窃カニ天下ノ事ヲ議スル者。佐嘉(賀)ノ長森伝次郎、岩国ノ大艸終吉、小城ノ蒲原又助、津和野ノ椋木八太郎、姫路ノ菅埜狷介、薩摩ノ堀仲左衛門、一関ノ森文之介、会津ノ安部井繁松、仙台ノ岡啓輔(千仞)、佐賀ノ島団右衛門、犬塚与七郎等。陸続トシテ来訪スル者指屈スルニ遑アラズ。当時幕府ノ外国ト接スルノ道明カナラズ。皇上軫念シタマフ。景山公尊攘ノ大義ヲ以テ惰風ヲ鼓舞ス。是ニ於イテカ天下ノ志士。咸我ガ水戸ノ動静ヲ著目ス。是ヲ以テ。四方ヨリ來游スル者。又皆先生ヲ以テ東道[4]ト為スナリ。

安政四年丁巳。先生二十八歳。

三月小十人ト為ル。高松ノ奈良卓爾、土浦ノ木原雄吉等来訪ス。

安政五年戊午。先生二十九歳。

七月四日。大将軍温恭公薨ズ。

同六日烈公罪ヲ蒙リ駒籠ノ別墅ニ屏居ス。尾州老公、越前春嶽公其ノ他有力ノ諸侯屏斥セラレ、天下是ヨリ多事。諸藩ノ志士前後シテ来訪スル者。土州ノ奥宮猪惣次。久留米ノ田中紋太郎。松浦八郎。佐賀ノ深川門作。薩摩ノ田中直之進。長州ノ大楽源太郎。丹波亀山ノ奥平小太郎。南部ノ菊池庄次郎等ナリ。

九月江戸藩邸ノ事変測ラレズ。先生同盟ノ十五人ト共ニ。微行シテ江戸ニ赴ク。同行ノ士。皆小金駅ニ抑留セラル。余（綿引泰）先生ト路ヲ分チ間行シ。独リ直チニ馳セテ藩邸ニ抵ル。則チ事態少シク変ズ。滞留数日ニシテ。其ノ廿日文武師範ノ江邸ニ在ル者。命ニヨリ駒籠ニ宿衛ス。先生モ亦与カル。事ハ尚不愧斎秘笈ニ詳シ。既ニシテ水戸ニ在ルノ士民。有志ノ徒。続々江戸ニ赴キ。江水ノ間。殆ンド市ヲ為ス。是ニ於テカ。先生数《しばしば》鎮撫ノ命ヲ奉ジ。江水ノ際ヲ往復ス。蓋シ其ノ志ニ非ザルナリ。

安政六年己未。先生三十歳。

五月江戸邸ニ在リ。定江戸奥右筆ト為リ。小石川ノ邸舎ニ移ル。

八月烈公錮ヲ水戸城ニ移サル。士民騒然タリ。幕府ノ令厳シク有司其ノ処置ニ苦シミ寛厳決セズ。先生議論侃々タリ。遂ニ同僚ト相合ハズ。頻リニ外転ヲ請フ。

十月交代シテ馬廻リト為リ弘道館訓導ヲ兼ヌ。馬廻組ノ同僚ニ彦坂任蔵ナル者有リ。同名ノ故ヲ以テ名ヲ市之進ト改ム。

十一月帰国ス。菁莪塾依然タリ。

安政七年庚申（是歳万延ト改元ス）。先生三十一歳。

幕命。勅書奉還ノ事ヲ伝フ。二月督促切迫スルヲ以テ。有司相議シテ将ニ其ノ二十八日ヲ以テ之ヲ奉還セントス。議論岐レテ二ト為ル。或ハ奉還ス可シト云ヒ。或ハ奉還ス可カラズト云フ。両々相争ヒ。遂ニ剣戟ヲ交フ。其ノ変タルヤ測ル可カラズ。先生返納ス可カラズノ十条ヲ上陳ス。辞理明鬯。有司其ノ論ニ服シ。而シテ奉還ノ期ヲ緩ム。

三月三日大老井伊直弼禍ニ遇フ。蓋シ勅諚返納ヲ促スノ故ヲ以テ之ヲ速《まね》クト云フ。

四月史館編集ヲ兼ヌ。専ラ兼務ニ従事ス。加ヘテ苞米五石ヲ賜フ。

十二月。松本氏ヲ娶ル。監察平左衛門某ノ長女タリ。

八月烈公薨ズ。納言公就國。葬儀方ニ畢ル。

十月公参府ス。先生命ヲ蒙リ扈従シ。江戸ニ赴ク。

万延二年辛酉（是ノ歳文久ト改元ス）。先生三十二歳。

十二月松本氏名知世女子ヲ挙グ。名ハ幾牟子。

先生日々史館ニ出入シ。且国事ヲ周旋ス。当時。禍機埋伏シ。国故[5]将ニ不測。先生窃カニ同志（美濃部辰五郎、野村彜之介、尼子長三郎等ト相往来謀議スル所有リ）ト結託シ、書生ヲ江戸ニ遣ハシ。事変ヲ窺ヒ。長藩ノ桂小五郎。松山ノ山田安五郎等ト。互ニ往復ス。

文久二年壬戌。先生三十三歳。

十一月。国難方ニ急、猶予ス可カラズ。藩老大場一眞斎。武田耕雲斎。中山与三左衛門ヲ促シ。公命ヲ待タズシテ急遽南上ズ。先生梅沢孫太郎。梶清次衛門ト随従シテ頗ル周旋スル所有リ。漸ク機ニ乗ジテ其ノ緒ヲ開クヲ得タリ。始メ大老井伊直弼ノ横死以来。幕吏水戸ヲ忌ムコト尤モ甚シ。幾バクモ亡クシテ。烈公薨ズ。既ニシテ奸党志ヲ得。陰ニ返勅党ト相合シ。正流ヲ排斥シ。又余端無カラシム。先生二三ノ同志ト。嘗テ窃カニ計画スル所有リ。長州ノ桂小五郎。土州ノ間崎哲馬。因州ノ安達清風等ト。交通シ。以テ回復ヲ企図ス。是ニ於テカ。機期漸ク熟シ。急ギ三老臣ヲ促シテ南上ス。是ヲ回復ノ端緒ト為ス。蓋シ意ハ大将軍ノ上洛ヲ速ニスルニ在ルナリ。

十二月江戸奥右筆頭取ト為ル。時ニ幕府改革アリ。一橋公朝命ヲ以テ幕政ヲ聴ク。

十二月公上京ス。武田耕雲斎扈従シテ京師ニ赴ク。時ニ公小石川邸ニ詣リ別ヲ告グ。先生始メテ橋公ニ謁シ。改革ノ議ヲ陳説ス。公之ヲ嘉納セリ。是先生一橋公ノ眷遇ヲ得ルノ初ト為ス。水藩亦一変動アリ。政治一タビ烈公ノ旧ニ復スヲ得タリ。

文久三年癸亥。先生三十四歳。

二月。執政大場一眞斎。中山与三左衛門西上ス。先生奥右筆頭取タルヲ以テ随行ス。公武ノ間ニ周旋シテ大将軍上洛ノ議決ス。

三月上洛我公従フ。先生執政ト出デテ大津ニ迎ヘ奉ル。公手ヅカラ葵章ノ服ヲ賜ヒ労ヲ慰ム。

文久四年甲子（是ノ歳元治ト改元ス）。先生三十五歳。

四月一橋公。京都守護〔禁裏御守衛〕及ビ摂海防禦等ノ総督ト爲ル。延イテ先生幕賓ト為リ。用人格ヲ以テ一橋府中ノ事ヲ摂ス。（甲子四月。名ヲ忠成ト改ム。字ハ仲寧。）

七月長州人闕ヲ犯シ。京師騒擾ス。公ノ処置当ヲ得テ。以テ鎮定スル者。先生翼賛ノ力多キニ居ル。

四月幕吏。筑波山党ト兵ヲ構ヘ。続イテ那珂港〔湊〕ノ乱有リ。

十二月武田耕雲斎。藤田小四郎等。囲ヲ潰リテ西上シ冤ヲ訴フ。越前ノ国境ニ到リ。風雪ノ阻ム所ト為リ遂ニ加州ノ軍門ニ降伏ス。諸道戒厳。京畿震駭ス。一橋公勅ヲ奉ジテ海津ニ出陣ス。時事方ニ急。而シテ武田等加賀ノ軍門ニ依リテ命ヲ乞フ者。先生内外施設ノ功。与カッテ力アリ。（因ミニ云フ。其ノ後幕吏ト奸党ト相謀リ。武田等ヲ加藩ニ要メテ。之ヲ奪ヒ。彦根藩士ニ命ジテ。敦賀ニ拘スル者。凡ソ八百人余ノ内其ノ半ヲ戮ス。其ノ惨毒言フニ忍ビズ。而シテ論者或ハ云フ。先生ト武田等ト事ヲ共ニス、而ルニ今彼ヲ助クル能ハザル者ハ何ゾヤ。已ニ橋府ノ要路ニ在リ、為ス無クシテ行ハズ、然モ猶且其ノ死ヲ見テ救ハザルナリ、ト。吁以フニ是時勢ヲ知ラズ、所謂皮相ノ論ナリ。方ニ是ノ時幕府ノ橋公ヲ嫌フコト蛇蝎ノ如シ。只朝廷親任ノ厚キヲ以テ之ヲ如何トモスル能ハズ。故ニ先生等ノ如キハ最モ称シテ忌物ト為ス。若シ一挙手一投足ノ助ケノ彼ノ徒ノ機ヲ保ツコト有ラバ、則チ合ハセテ溝壑ニ投ゼラルコト、火ヲ視ルヨリモ明カナリ。是ヲ以テ陰ニ陽ニ保庇スル所有リ。而シテ漸ク前田氏ノ軍門ニ降ル者、先生ノ翊賛ノ功ヲ称セザルヲ得ズ。然レドモ加州亦人有リテ優待至レリ。独リ幕府ノ俗吏、自己ノ怯懦ヲ以テセズ、遂ニ武田等ヲ逸スルヲ恥ト為シ、猶且奸党私怨ノ教唆ニ乗ジテ彦根藩士ヲ誘ヒテ此ノ惨毒ヲ成スナリ。吾ハ知ル、加州藩ト雖ドモ恐ラクハ此ノ極ニ及ブヲ知ラザルナリ。是レ当時ノ時勢ヲ知ラザル者ト共ニ道フ可カラザルナリ。記者[6]之ヲ贅ス。）

元治二年乙丑（是ノ歳慶応ト改元ス）。先生三十六歳。

四月伯氏（忠愛）同志ノ士ト古河ノ囚中ニ斬ラル。幕府奸党ト相謀リテ。此ノ惨毒ヲ為スナリ。是ノ月先生公駕ニ扈ヒ。途上堕馬シ。脊髄ヲ傷ツク。苦痛床ニ臥ス者累月。病中督府紀略ヲ著ハス。

五月家厳水戸ニ幽囚ノ中在リテ。病没ス。閏五月訃至ル。哭シテ慟ス。居喪礼ヲ執ル。命有リ数《しばしば》出仕ヲ督ス。先生邦制ヲ持シテ出デズ。

十一月幕府米三十苞ヲ賜フ。

慶応二年丙寅。先生三十七歳。

八月征長ノ師屢敗ル。是ニ於テ一橋公出陣シ。先生亦扈従ヲ命ゼラル。賜フニ乗馬一匹及ビ和泉守兼定ノ銘刀一把ヲ以テス。大将軍ノ不予ヲ以テ罷ム。

廿日公下坂ス。先生従フ。

廿一日大将軍薨ズ。一橋公入リテ統ヲ継グ。

廿二日先生特命奥〔両〕番格奥詰ト爲リ。賜米五十苞。即刻監察ニ除シ。賜米百苞。布衣ニ補サレ。兼テ改正革弊ノコトヲ掌ル。蓋シ一旦ニ五遷スルハ異数ナリ。

十二月　孝明天皇崩ジタマフ。山陵ノ事ヲ掌ルヲ命ゼラル。奏上シテ。陋習ヲ改メテ古制ニ復ス。其ノ功ヲ以テ物品ヲ賜ハル。

慶応三年丁卯。先生卅八歳。

三月　山陵ノ功竣ルヲ以テ。時服ヲ賜ハル。

四月忠勤ノ故ヲ以テ。巻物・時服ヲ賜ハル。是ノ月京ニ第ヲ賜ハル。

五月兵庫開港ノ議成ル。

八月十四日蚤朝。壮夫三人官邸ニ闖入シ。其ノ不意ヲ襲ヒテ仆サル。（蓋シ謂ヘラク、兵庫ノ開港ハ先生ノ主張スル所ニシテ大将軍ヲ陥ルルナリ、宜シク君側ノ悪ヲ除クベキナリ、ト。彼ノ壮夫ハ幕府小臣ノ子弟、煽動スル所ノ者有リテ然ルナリ。事ハ先生暴死始末書ニ詳シ）。従者小原多三郎。岡田新吾ノ二人追撃シテ之ヲ斬リ。立《タチドコロ》ニ主ノ仇ヲ報ズ。大将軍痛惜シ。礼ヲ以テ厚ク洛東長楽寺ニ葬ル。天下ノ士知ルト知ラザルト惋惜セザルハ無シ。特ニ大将軍。眷愛已マズ。屢良臣ヲ失フノ嘆有リト云フ。先生没シテ未ダ幾バクモアラズシテ。物議紛騰。将軍決然トシテ大政ヲ返上ス。是ニ於イテカ。殺伐並ビ起ル。幕府恭順。而ル後ニ王政維新ノ治成レリ。識者謂ヘラク。先生ヲシテ在ラシメバ。則チ仮令大政ヲ返上スルモ。洵ニ宜シク乱離紛更。未ダ此ノ如クノ甚ダシキニ至ラザルベキ而已ナリト。先生諱ハ忠敬。字ハ仲寧。後ニ忠成ト改ム。初メ任蔵ト称シ。更ニ市之進ト改ム。尚不愧斎ト号シ。人称シテ伍軒先生ト曰フ。年十三ニシテ文ヲ作ル。千言立ニ就《ナ》リ五行並ビ下ル。東湖先生殊ニ其ノ才ヲ称揚ス。其ノ江戸ニ游ブヤ。羽倉簡堂尤モ其ノオヲ愛シ。義子ト為サント欲ス。川路司農ニ薦メ。司農長崎ノ祇役ニ先生ノ同行ヲ請ヒ。其ノ国器ヲ賞シ。之ヲ幕府ニ薦ム。偶《たまたま》烈公之ヲ聞キ。学資ヲ給シ。藩籍ニ列ス。而シテ事遂ニ寝《や》ム。是ニ於テ。名声赫トシテ著ハル。士ノ国事ヲ以テ水戸ニ到ル者。必ズ先生ヲ以テ東道ノ主ト為ス者。抑亦以有ルナリ。其ノ著書尤ダ多シ。甲子ノ乱⑦ニ。挙家籍没。半ハ已ニ散逸シ。又見ルベカラズ。門生等遺稿ヲ集メ。録シテ尚不愧斎存稿ト為ス者四巻。已業《すで》ニ上梓ス。其ノ他護王明神事蹟考一冊。読史会稿二冊。西上稿。西游記。登山録。督府紀略。居学筆叢。尚不愧斎秘笈。及ビ諸記録等。世道ニ裨益スル者尠カラズ。其ノ国ニ在ルヤ。専ラ国史志類ノ業ヲ力メ。自家ノ撰述ヲ為スニ遑アラズ。他日礼楽志ノ成ル。多ク先生ノ手録ニ由ルト云フ。配松本氏一女ヲ生ム。子無シ。先生没スルノ後。特ニ命ジテ。伯氏之子那珂三郎ヲ以テ嗣ト為ス。時ニ年八歳。陸軍局ニ隷ス。其ノ後那珂三郎故有リテ離婚シ。遂ニ其ノ後絶ユルト云フ。

〔明治〕卅六年十一月十二日。維新基源ノ功績ヲ以テ特ニ従四位ヲ贈ラル。

（以上・原漢文）

【語釈】

①　大比＝官吏の成績を考査すること。また、科挙のこと。科挙之年を大比之秋《とき》ということから、弘道館の試験を科挙に見立てた表現。

②　子張問政ノ章＝論語、尭曰第二十。

③　菁莪＝青々と草が生い繁るように人材を育成するという意味。

④　東道＝道案内のこと。東道主人。

⑤　国故＝国家の事故。

⑥　記者＝綿引泰。

⑦　甲子ノ乱＝筑波山挙兵に連なる一連の騒乱を指す。

あとがき

「菁莪遺徳碑」は明治十七年に、原伍軒の墓参に門人十余名が集った席上で、綿引東海が建碑の計画を発表し、賛同を得、碑文を岡千仞に、揮毫を平戸星州に依頼したのであるが、委員の一人から反対が出て、揮毫については吉田晩稼に改めて依頼したものであった。

その後も、水戸と東京の委員に意見の不一致があり、仕事が遅れて、ようやく建碑されたのは明治三十年になってからのことである。

除幕式には綿引東海は出席しなかったようであるが、建碑のことを早くから提唱し、計画を推進したのは綿引東海であった。彼は、伍軒の遺稿を整理編集して『尚不愧斎存稿』四冊を明治十七年に出版している。

そこには重野安繹、岡千仞、小山朝弘が序文を、安達清風が叙文を寄せており、綿引東海は、「伍軒先生行迹」を記している。

原伍軒の遺文が出版され、記念碑が建てられたことによって、伍軒の人となりが後世に伝えられたことは幸なことであった。

この解説書は、その業績を碑文に即しながら改めて述べたものといってよい。原伍軒の生涯を更に詳しく研究されようと思われれば、ぜひ、『尚不愧斎存稿』を一読されることをお薦めする。

最後に、本書を「水戸の碑文シリーズ」に加えていただいた水戸史学会会長名越時正先生、発行を担当していただいた錦正社中藤政文社長、原稿入力、校正をお願いした宮田正彦氏、資料を提供していただいた但野正弘氏、写真撮影でお世話になった京都長楽寺牧野素山氏、水戸の弘道館事務所の関係各位にお礼を申上げる。

久野勝弥

著者略歴　久野《くの》　勝弥《かつや》

笠間市出身
昭和 31 年 3 月　茨城県立水戸第一高等学校卒業
昭和 35 年 3 月　茨城大学教育学部中等教育科（日本史専攻）卒業
昭和 35 年 5 月　公立学校教諭（鹿島郡鉾田町鉾田第一中学校勤務）
昭和 37 年 4 月　県立下館第一高等学校教諭
昭和 42 年 4 月　県立水戸第二高等学校教諭（この間海外長期研修一か月アメリカ、カナダ等）
昭和 55 年 4 月　県立歴史館研究員（この間東京大学史料編纂所一か月研修）
昭和 58 年 4 月　県教育庁文化課（文化財保護主事・文化財第一係長）
昭和 63 年 4 月　県立水戸農業高等学校教頭
平成　2 年 4 月　県立常北高等学校教頭
平成　5 年 4 月　県立大宮高等学校校長
平成　7 年 4 月　県立太田第一高等学校校長
平成　8 年 4 月　県立水戸第三高等学校校長
平成 10 年 3 月　定年退職　同年 4 月　県立教育研修センター研究調査員（非常勤）
平成 12 年 4 月　県立教育研修センター契約期限退職
平成 11 年 2 月　ＮＨＫ地方文化功労賞受賞（最後の将軍徳川慶喜制作に協力）
※　現職　水戸史学会副会長　茨城県郷土文化研究会副会長
※　著書　「他藩士の見た水戸」（編著　錦正社）「水戸義公伝記逸話集」（共著　吉川弘文館）「水戸の洋学」（共著　柏書房）「茨城の歴史散歩」（共著　山川出版）「藤田幽谷の研究」（共著　編纂会）「諸国人物誌」（共著　東洋書院）　「常陸路の歴史散歩」（茨城県観光物産課）など
〔現住所〕　〒 310-0851　水戸市千波町２８５０－５

水戸の碑文シリーズ4　原伍軒《はらごけん》と『菁莪遺徳碑《せいがいとくひ》』

平成十七年三月二十一日　印刷
平成十七年四月　　一日　発行

定価：本体一二〇〇円（税別）

著　者　©久　野　勝　弥
装丁者　吉　野　史　門
発行所　水　戸　史　学　会
茨城県水戸市新荘一—一一—三〇（名越方）
電　話　〇二九（二二七）〇九三四
振　替　〇〇三九〇—三—八四〇三

発売所　錦　正　社
〒一六二—〇〇四一
東京都新宿区早稲田鶴巻町五四四—六
電　話　〇三（五二六一）二八九一
ＦＡＸ　〇三（五二六一）二八九二
ＵＲＬ　http://www.kinseisha.jp/

印刷所　株式会社平河工業社
製本所　有限会社小野寺三幸製本

ISBN4－7646－0267－9

水戸の碑文シリーズ1

栗田寛博士と『継往開来』の碑文

照沼好文著

定価一四七〇円
（本体一四〇〇円）

内藤耻叟撰文の『継往開来』の碑文を中心に、明治の碩学栗田寛博士の生涯について述べた。その生涯と業績は、総てこの碑文の中に濃縮されている。そして更に水戸史学への理解を！

水戸の碑文シリーズ2

水戸烈公と藤田東湖『弘道館記』の碑文

但野正弘著

定価一〇五〇円
（本体一〇〇〇円）

天下の名文『弘道館記』碑文の解説書。『弘道館記』は、幕末の水戸藩に創立された総合大学「弘道館」の、建学の精神を格調高く天下に宣言したものである。

水戸の碑文シリーズ3

水戸光圀の『梅里先生碑』

宮田正彦著

定価一二六〇円
（本体一二〇〇円）

梅里先生碑の文は水戸光圀の自伝である。全文僅か二九九文字のものであるが、水戸光圀自身が、後世に残すつもりで書き記され、この中に水戸光圀七十三年の生涯のエキスが詰め込まれている。